高校入試
近道問題 **13**化学

この本の特色

① コンパクトな問題集

　入試対策として必要な単元・項目を短期間で学習できるよう，コンパクトにまとめた問題集です。直前対策としてばかりではなく，自分の弱点を見つけ出す診断材料としても活用できるようになっています。

② 豊富なデータ

　英俊社の「高校別入試対策シリーズ」や「公立高校入試対策シリーズ」などの豊富な入試問題から問題を厳選してあります。

③ まとめ

　各章のはじめに，そ　　　　　　　　　　　　　　　　　あります。入試頻出の重要な語句については　　　　　　　　書などを見ながら全体をまとめていきましょ　　　　　　　　　　　　　　テストに直結する重要な内容が満載です。

④ 🔼 ちかみち

　まとめには載せきれなかった入試重要事項は，解説の **ちかみち** に載せてあります。さらに高得点につなげる重要な内容です。

⑤ 詳しい解説

　別冊の解答・解説には，多くの問題について詳しい解説を掲載しています。間違えてしまった問題や解けなかった問題は，解説をよく読んで，しっかりと内容を理解しておきましょう。

この本の内容

1	物質の性質 …………………… 2	
2	気体の性質 …………………… 6	
3	水溶液の性質 ………………… 10	
4	状態変化 ……………………… 14	
5	物質どうしの化学変化 …… 18	
6	酸素が関わる化学変化 …… 24	
7	化学変化と質量 …………… 28
8	イオン ……………………… 32
9	酸・アルカリ・中和 ……… 36
	解答・解説 ……………… 別冊

1 物質の性質

◆物質

・ガスバーナーの使い方

＜点火のしかた＞

開く
閉じる
空気調節ねじ
ガス調節ねじ

1. 両方のねじがしまっていることを確認する。
2. 元栓を開く。
3. マッチに火をつける。
4. ななめ下から火を近づけてからガス調節ねじを開き，点火する。
5. 空気調節ねじを開き，**青い炎**にする。

・有機物と無機物

| ① | …物質中には**炭素**と水素が含まれており，燃やすと**二酸化炭素**と水が発生する。 |

（例）エタノール・ろう・プラスチック・でんぷん・
砂糖・石油・プロパンガス・紙・木など

| ② | …有機物以外の物質。 |

（例）食塩・金属・ガラス・炭酸水素ナトリウム・
二酸化炭素・木炭など

・金属と非金属

金属…アルミニウム，鉄，銅，金，銀，マグネシウムなど

> **＜金属の性質＞**
> ●電気をよく通す。　　　●熱をよく伝える。
> ●みがくと光沢が出る。
> ●たたくとのびたり広がったりする。
> ※磁石に引きつけられるのは鉄などの特定の金属のみ。

非金属…ガラス，プラスチック，木，ゴム，食塩など金属以外の物質。

◆密度

体積1cm³あたりの質量。密度は物質によって異なるため，これにより物質を区別することができる。

$$密度(g/cm^3) = \frac{質量(g)}{体積(cm^3)}$$

※水の密度は1g/cm³

密度が**1g/cm³より小さい物質は水に浮き**，
密度が**1g/cm³より大きい物質は水に沈む。**

1 ガスバーナーに火をつける手順として正しいものを下の**ア〜エ**から選び，記号で答えなさい。（　　　）

（大阪学院大高）

① 調節ねじ A・B（以下，ねじ A・ねじ B）が閉まっていることを確認する。

② ねじ B を調節し，炎の大きさを 10cm くらいにする。

③ ガスの元栓を開ける。

④ ねじ B を動かさないようにして，ねじ A を a の方向に回す。

⑤ コックを開ける。

⑥ ななめ下からマッチの火を近づけ，ねじ B を a の方向に回して点火する。

⑦ ねじ A を調節して青い炎にする。

```
ア　①→⑤→③→⑥→②→④→⑦     イ　①→③→⑤→④→⑥→②→⑦
ウ　①→⑤→③→④→⑥→②→⑦     エ　①→③→⑤→⑥→②→④→⑦
```

2 物質の性質に関する後の各問いに答えなさい。ただし，答えが割り切れない場合は小数第 2 位を四捨五入しなさい。

（清明学院高）

(1) 質量 20g，体積 25cm³ の物質の密度は何 g/cm³ になるか答えなさい。

（　　　　　　 g/cm³）

(2) 体積 100cm³，密度 1.6g/cm³ の物質の質量は何 g になるか答えなさい。

（　　　　　　 g ）

(3) 質量 400g，密度 2.0g/cm³ の物質の体積は何 cm³ になるか答えなさい。

（　　　　　　 cm³）

(4) 右図は，水に溶けない A〜F の 6 つの物質の体積と質量をグラフにしたものである。

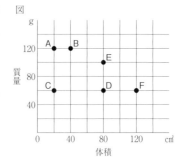

① もっとも密度の大きいものを A〜F より記号で選び答えなさい。（　　　）

② 同じ物質と考えられるのはどれとどれか。A〜F より記号で選び答えなさい。

（　　 と　　）

③ 水に浮かぶ物質はどれか。A〜F より考えられるものすべてを記号で答えなさい。ただし，水の密度は 1.0g/cm³ とする。（　　　）

3 密度の値は物質の種類によって決まっています。表1はポリエチレン，アルミニウム，鉄，銅，金の密度をまとめたものです。次の各問いに答えなさい。　（大阪産業大附高）

表1

物質	密度[g/cm³]
ポリエチレン	0.92
アルミニウム	2.70
鉄	7.87
銅	8.96
金	19.3

(1) 金属に共通する性質としてあてはまらないものはどれですか。次のア～オから1つ選び記号で答えなさい。（　　　）

ア　たたくとうすく広がる　　イ　引っぱると細くのびる

ウ　電気を通す　　　　　　　エ　磁石にくっつく

オ　熱をよく伝える

(2) ポリエチレン，アルミニウム，鉄，銅，金のうち，水に入れると，浮くものはどれですか。次のア～オから1つ選び記号で答えなさい。ただし，水の密度は 1.0 [g/cm³] とします。（　　　）

ア　ポリエチレン　　イ　アルミニウム　　ウ　鉄　　エ　銅　　オ　金

(3) 見た目では区別がつかない，大きさや形の異なる6つの固体A～Fについて，それぞれの体積と質量を調べました。固体Aの体積を測定するためにメスシリンダーに 50.0cm³ の水を入れ，質量 31.36g の固体Aを沈めると，図1のようになりました。固体B～Fの体積と質量も表2にまとめました。

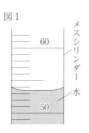
図1

表2

物質	体積[cm³]	質量[g]
B	2.5	6.75
C	3	23.61
D	3.5	3.22
E	4	31.48
F	4.5	40.32

① 固体Aの密度は何 g/cm³ ですか。（　　　　　　　g/cm³）

② 固体B～Fの中には固体Aと同じ物質がありました。固体Aと同じ物質はどれですか。B～Fから1つ選び記号で答えなさい。（　　　）

③ 固体B～Fのうち，鉄だと考えられるものはどれですか。表1の値も用いて，B～Fからすべて選び記号で答えなさい。（　　　　　）

4 3種類の白色の粉末A～Cは，砂糖・食塩・デンプンのいずれかである。これらを区別するために，次の実験を行った。下の問いに答えなさい。

（京都明徳高）

【実験1】

① A～Cをそれぞれ燃焼さじにのせ，ガスバーナーで加熱したところ，AとCは炎を出して燃え，Bは見かけ上変化が見られなかった。

② 燃えているAとCを燃焼さじごと，石灰水の入った集気びんに入れた。火が完全に消えたあとに集気びんをふると，どちらも石灰水が白くにごった。

【実験2】

AとCにそれぞれヨウ素液をたらすとAには反応が見られなかったが，Cには反応が見られた。

(1) A～Cの粉末はそれぞれ何か名称で答えなさい。

A（　　　　　） B（　　　　　） C（　　　　　）

(2) 【実験1】の②で，石灰水を白くにごらせた物質の化学式を答えなさい。

（　　　　　　　）

(3) 【実験1】の②と同様の実験操作を行ったとき，A・Cと同じ実験結果になるのはどれか。適切なものを次のア～オからすべて選び，記号で答えなさい。

（　　　　　　　）

ア 紙切れ　イ スチールウール　ウ マグネシウム　エ 木炭
オ ろうそく

(4) 【実験2】でCにヨウ素液をたらした部分の色は何色に変色するか。最も適当なものを次のア～オから1つ選び，記号で答えなさい。（　　　　）

ア 白色　イ 無色　ウ 赤色　エ 黄緑色　オ 青紫色

(5) ガスバーナーを使用するとき，正しい操作の順になるように，次のア～オを並べかえなさい。（　　　→　　　→　　　→　　　→　　　）

ア ガス調節ねじを回して，炎の大きさを調節する。

イ ガスの元栓とコックを開ける。

ウ マッチに火をつけバーナーに近づけ，ガス調節ねじをゆるめて点火する。

エ ガス調節ねじを動かさないようにして，空気調節ねじを回し，空気量を調節して青色の炎にする。

オ ガス調節ねじ，空気調節ねじが軽く閉まっているか確認する。

2 気体の性質

◆気体

・気体の集め方

```
┌ 水にとけにくい‥‥‥‥‥‥‥‥‥‥‥‥  ①      法   酸素・水素
│                    (例)
│       ┌ 空気よりも軽い‥‥‥  ②      法   アンモニア
└ 水にとけやすい ┤
        └ 空気よりも重い‥‥‥  ③      法   二酸化炭素
```

・気体の発生方法

◎酸素 ┤ 二酸化マンガンにオキシドール（過酸化水素水）を加える。
　　　└ 酸素系漂白剤に湯を加える。

◎水素…亜鉛や鉄などの金属に塩酸を加える。

◎二酸化炭素 ┤ 石灰石（貝がら）や炭酸水素ナトリウムに塩酸を加える。
　　　　　　└ 炭酸水素ナトリウムや炭酸水を加熱する。

◎アンモニア ┤ 塩化アンモニウムと水酸化カルシウムを加熱する。
　　　　　　└ アンモニア水を加熱する。

・気体の性質

	酸素	水素	二酸化炭素	アンモニア
水へのとけ方	とけにくい	とけにくい	少しとける	とけやすい
空気と比べた重さ	少し重い	非常に軽い	重い	軽い
におい	なし	なし	なし	刺激臭
集め方	水上置換	水上置換	下方置換 （水上置換）	上方置換
確かめ方	火のついた線香を近づける	マッチの火を近づける	石灰水に通す	水でぬらした赤色リトマス紙を近づける
結果	線香が激しく燃える	音を立てて燃える	白くにごる	青色になる
その他	ものを燃やすはたらきがある	———	水溶液は酸性	水溶液はアルカリ性

1 気体を発生させる実験を行った。次の各問いに答えなさい。 （博多女高）

【実験1】 塩化アンモニウムと水酸化カルシウムを混ぜたものを加熱し，気体Aを発生させた。

【実験2】 二酸化マンガンにオキシドールを加え，気体Bを発生させた。

【実験3】 亜鉛にうすい塩酸を加え，気体Cを発生させた。

【実験4】 炭酸水素ナトリウムを加熱し，気体Dを発生させた。

(1) 【実験1】で発生した気体Aの収集方法とその理由をそれぞれ選び，記号で答えなさい。収集方法（　　　） 理由（　　　）

〈収集方法〉

ア 上方置換法　　イ 水上置換法　　ウ 下方置換法

〈理由〉

エ 空気よりも質量が小さく，水に溶けにくいから。

オ 空気よりも質量が小さく，水に溶けやすいから。

カ 空気よりも質量が大きく，水に溶けにくいから。

キ 空気よりも質量が大きく，水に溶けやすいから。

(2) 【実験2】で発生した気体Bの気体の名称と化学式を答えなさい。

名称（　　　） 化学式（　　　）

(3) 【実験3】で発生した気体Cを集めた試験管に，火のついたマッチを近づけるとどのような反応が起こるか。適当なものを次のア〜エから1つ選び，記号で答えなさい。（　　　）

ア 明るく激しく燃える　　イ ポンッと音をたてて燃える

ウ マッチの火が消える　　エ 変化しない

(4) 気体Dは【実験4】以外の方法でも発生させることができる。その方法として適当なものを次のア〜エから1つ選び，記号で答えなさい。（　　　）

ア うすい水酸化ナトリウム水溶液の中にマグネシウムリボンの切片を入れる。

イ うすい塩酸の中にマグネシウムリボンの切片を入れる。

ウ うすい水酸化ナトリウム水溶液の中に石灰石のかけらを入れる。

エ うすい塩酸の中に石灰石のかけらを入れる。

(5) 気体A〜Dの中で空気中に最も多く含まれている気体はどれか。A〜Dから1つ選び，記号で答えなさい。（　　　）

2 次の各問いについて答えなさい。 （自由ケ丘高[改題]）

(1) 下のⅠ～Ⅴは5種類の気体A～Eについて述べたものである。ただし，気体A～Eは，塩化水素，酸素，塩素，アンモニア，水素のいずれかである。

　Ⅰ　気体A以外はすべて無色であった。

　Ⅱ　気体A～Eのうち，気体Bと気体Dは，においがなかった。

　Ⅲ　気体A～Eのうち，空気より軽いのは気体Dと気体Eであった。

　Ⅳ　気体Cと気体Eは，どちらも水に非常によく溶けた。

　Ⅴ　気体Eに水でぬらした赤色リトマス紙をかざすと青色になった。

① 気体Aは何色か。（　　　　　　　）

② アンモニアは気体A～Eのどれか。記号で答えなさい。（　　　　）

③ 気体A～Eのうち，その水溶液が酸性を示すものをすべて選び，記号で答えなさい。（　　　　　　）

(2) ペットボトルに水と二酸化炭素を半々に入れ，栓をして振るとペットボトルがつぶれた。次の文はこの理由について述べたものである。文中の（　　　）にあてはまる表現を，「～が―」という形で6字で答えなさい。

『ペットボトルがつぶれたのは，二酸化炭素が水に溶け，ペットボトル内の（　　　）なったからである。』

3 下記の表中の気体A～Dは水素，酸素，硫化水素，二酸化炭素，アンモニア，塩素，窒素のいずれかである。次の各問いに答えなさい。 （京都西山高）

	色	におい	水への溶けやすさ	緑色 BTB 溶液に通した時の変化
気体A	無色	c	よく溶ける	青色
気体B	無色	無臭	ほとんど溶けない	d
気体C	a	刺激臭	溶けやすい	黄色
気体D	b	無臭	少し溶ける	黄色

(1) 気体Bの入った試験管に火のついた線香を入れると激しく燃えた。気体Bの名称を答えなさい。（　　　　　　）

(2) 表中の空欄a～dに適当な語を入れなさい。

　　a（　　　　　）　b（　　　　　）　c（　　　　　）　d（　　　　　）

(3) 気体A，C，Dの捕集方法をそれぞれ答えなさい。

　　A（　　　　　）　C（　　　　　）　D（　　　　　）

4　次の文章を読み，下の各問いに答えなさい。　　　　　　（清風高[改題]）

　　図1のように，アンモニア水を入れた試験管を加熱してアンモニアを発生さ
せ，丸底フラスコに集めました。次に，図2のように，アンモニアを集めた丸
底フラスコを用いて装置を組み立てました。その丸底フラスコ内に，スポイト
内の水を入れたところ，ビーカー内のフェノールフタレイン溶液を数滴加えた
水がガラス管を通って上昇し，丸底フラスコ内に勢いよく入りました。

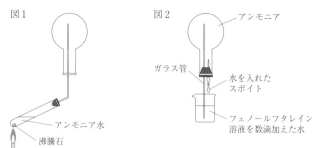

図1　　アンモニア水　沸騰石

図2　アンモニア　ガラス管　水を入れたスポイト　フェノールフタレイン溶液を数滴加えた水

(1)　図1のような装置で気体を集める方法を何といいますか。漢字で答えなさ
　　い。（　　　　法）

(2)　ある物質Xと塩化アンモニウムの混合物を加熱しても，アンモニアが発生
　　します。物質Xとして最も適するものを，次の**ア**〜**エ**のうちから選び，記号
　　で答えなさい。（　　　）

　　ア　塩化ナトリウム　　**イ**　炭酸ナトリウム　　**ウ**　塩化銅

　　エ　水酸化カルシウム

(3)　ビーカーからガラス管を通って丸底フラスコ内に入ってきた水は，何色に
　　なりましたか。次の**ア**〜**エ**のうちから適するものを1つ選び，記号で答えな
　　さい。（　　　）

　　ア　緑色　　**イ**　青色　　**ウ**　黄色　　**エ**　赤色

(4)　スポイト内の水を丸底フラスコ内に入れると，ビーカーの水が勢いよく
　　入ってくる理由として最も適するものを，次の**ア**〜**エ**のうちから選び，記号
　　で答えなさい。（　　　）

　　ア　丸底フラスコ内の気体の圧力が大きくなったから。

　　イ　丸底フラスコ内の気体の圧力が小さくなったから。

　　ウ　丸底フラスコ内の気体の温度が高くなったから。

　　エ　丸底フラスコ内の気体の温度が低くなったから。

3 水溶液の性質

◆水溶液

・いろいろな水溶液の性質

	溶質	性質	におい	加熱する
食塩水	食塩（塩化ナトリウム）	中性	なし	白い結晶
砂糖水	砂糖	中性	なし	黒くこげる
水酸化ナトリウム水溶液	水酸化ナトリウム	アルカリ性	なし	白い結晶
アンモニア水	①	アルカリ性	刺激臭	何も残らない
石灰水	水酸化カルシウム	②	なし	白い結晶
塩酸	③	④	刺激臭	何も残らない
炭酸水	⑤	酸性	なし	何も残らない

・濃度

溶液の質量に対する溶質の質量の割合を百分率（％）で表したものを**質量パーセント濃度**という。

$$濃度（\%）= \frac{溶質の質量（g）}{溶液の質量（g）} \times 100$$

◆溶解度

100gの水にとける物質の限度量。物質によってその量は異なり，一般に温度が高いほど溶解度は大きくなる。溶質が限度までとけている状態を**飽和**といい，その状態の水溶液を⑥ □□□□□□□□ という。一度水にとかした物質も，**温度を下げたり，水を蒸発させる**とふたたび結晶として取り出すことができる。このような操作を⑦ □□□□□ といい，水溶液の結晶は**ろ過**によって固体のみを取り出すことができる。

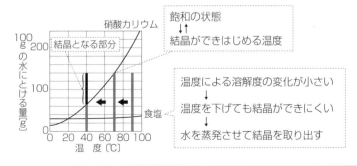

1 5種類の水溶液A〜Eは食塩水，塩酸，アンモニア水，炭酸水，水酸化ナトリウム水溶液のいずれかである。これらを調べるために，次の実験を行い，その結果を表にまとめた。これについて，後の(1)〜(4)に答えなさい。

（大阪薫英女高）

〈実験1〉 手であおぐようにして水溶液のにおいを調べた。

〈実験2〉 マグネシウムリボンを加え，反応の有無を調べた。

〈実験3〉 フェノールフタレイン液を2，3滴加え，色の変化を見た。

〈実験4〉 蒸発皿に少量とり，水がすべて蒸発するまで加熱し，残留物の有無を確認した。

〈実験5〉 緑色のBTB液を加えて，色を観察した。

表

	A	B	C	D	E
実験1	なし	刺激臭あり	なし	刺激臭あり	なし
実験2	なし	なし	なし	あり	少しあり
実験3	無色	①有色	①有色	無色	無色
実験4	②あり	なし	②あり	なし	なし
実験5	a	b	c	d	e

(1) 表中の下線部①の色を答えなさい。（　　　　　）

(2) 表中の下線部②の残留物の色を答えなさい。（　　　　　）

(3) 実験5についての結果として，表の空欄a〜eに当てはまる正しい組み合わせを，次のア〜オの中から1つ選び，記号で答えなさい。（　　　　）

　ア　a：無色　　b：黄色　　c：黄色　　d：青色　　e：青色

　イ　a：無色　　b：赤色　　c：赤色　　d：無色　　e：黄色

　ウ　a：緑色　　b：青色　　c：青色　　d：黄色　　e：黄色

　エ　a：緑色　　b：無色　　c：無色　　d：黄色　　e：黄色

　オ　a：青色　　b：緑色　　c：緑色　　d：無色　　e：青色

(4) 水溶液A〜Eとして正しいものを，次のア〜オの中から1つずつ選び，記号で答えなさい。

　　　A（　　　）　B（　　　）　C（　　　）　D（　　　）　E（　　　）

　ア　食塩水　　イ　塩酸　　ウ　アンモニア水　　エ　炭酸水

　オ　水酸化ナトリウム水溶液

2 硝酸カリウムは水 100g に 60℃で 109g 溶け，20℃で 32g 溶けます。以下の各問いに答えなさい。 (大阪夕陽丘学園高[改題])

(1) 60℃における硝酸カリウム飽和水溶液の濃度は何%か。(　　　)

　　ア　24 %　　イ　32 %　　ウ　52 %　　エ　77 %　　オ　91 %

　　カ　109 %

(2) 60℃の硝酸カリウム飽和水溶液 100g を 20℃に冷却すると，何 g の硝酸カリウムの結晶が得られるか。(　　　)

　　ア　23g　　イ　37g　　ウ　54g　　エ　77g　　オ　89g　　カ　109g

3 右表は，各温度における塩化ナトリウムと硝酸カリウムの，水 100g に対する溶解度を示したものである。これにつ

温度(℃)	20	40	60
塩化ナトリウム(g)	35.8	36.3	37.0
硝酸カリウム(g)	31.6	63.9	109.2

いて，下の問いに答えなさい。ただし，答えが割り切れないときには小数第 2 位を四捨五入し，小数第 1 位まで答えなさい。 (大阪偕星学園高)

(1) 60℃において，水 50g に溶かすことができる塩化ナトリウムの質量（g）を求めなさい。(　　　　　g)

(2) 60℃における，塩化ナトリウム飽和水溶液の質量パーセント濃度（%）を求めなさい。(　　　　%)

(3) 60℃において，水 50g に硝酸カリウムを溶けるだけ溶かした。この水溶液の質量（g）を求めなさい。(　　　　　g)

(4) (3)の水溶液を 20℃に冷却したところ，水溶液中に硝酸カリウムが析出した。

　　① 析出した硝酸カリウムを取り出すのに，最も適した方法を次のア～エより選び，記号で答えなさい。(　　　)

　　　　ア　下方置換　　イ　再結晶　　ウ　抽出　　エ　ろ過

　　② 析出した硝酸カリウムの質量（g）を求めなさい。(　　　　　g)

(5) 20℃の硝酸カリウム飽和水溶液が 100g ある。この水溶液から水を 20g 蒸発させ，再び 20℃に戻した。このとき，析出する硝酸カリウムの質量（g）として最も適当なものを次のア～オより選び，記号で答えなさい。(　　　)

　　ア　約 3g　　イ　約 6g　　ウ　約 9g　　エ　約 12g　　オ　約 15g

4 右のグラフは水100gに溶ける硝酸カリウム，ミョウバン，塩化ナトリウム，それぞれの質量と温度の関係を示したものである。以下の各問いに答えなさい。

(洛陽総合高)

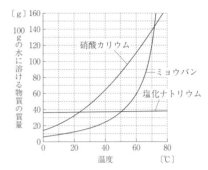

(1) (i)硝酸カリウム，ミョウバン，塩化ナトリウムのように水に溶けている物質を何というか。(ii)また，水のように物質を溶かしている液体を何というか。次のア〜エからそれぞれ選び記号で答えなさい。(i)(　　　) (ii)(　　　)

ア　溶液　イ　溶媒　ウ　飽和　エ　溶質

(2) 60℃のときに100gの水に溶ける物質の量が多い順に並べたものとして正しいものを次のア〜ウから選び記号で答えなさい。(　　　)

ア　硝酸カリウム→ミョウバン→塩化ナトリウム

イ　ミョウバン→塩化ナトリウム→硝酸カリウム

ウ　塩化ナトリウム→硝酸カリウム→ミョウバン

(3) 塩化ナトリウムを結晶として取り出す方法として適切なのは，水の温度を下げる方法か，加熱して水を蒸発させる方法のどちらか。水の温度を下げる方法なら〇を，加熱して水を蒸発させる方法なら×を，解答欄に記入しなさい。(　　　)

(4) この実験で使用した物質を取り出し顕微鏡で観察した。硝酸カリウム，ミョウバン，塩化ナトリウムの図として適切なものを，次のア〜ウからそれぞれ選び記号で答えなさい。

硝酸カリウム(　　　)　ミョウバン(　　　)　塩化ナトリウム(　　　)

(5) 70℃の水100gにミョウバンを120g溶かし，45℃まで温度を下げたとき何gの結晶を取り出すことができるか。整数で答えなさい。(　　　　g)

(6) 60℃の水100gに溶けるだけの硝酸カリウムを溶かした。このときの質量パーセント濃度は何%か。小数第一位を四捨五入し，整数で答えなさい。

(　　　　%)

4 状態変化

◆状態変化

・物質の状態

物質が加熱や冷却によって，固体，液体，気体へと状態を変えることを状態変化という。状態変化すると，**質量は変化しないが，体積は，固体＜液体＜気体の順（水の場合は，水＜氷＜水蒸気）に大き**くなる。

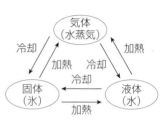

・状態変化と温度

| ① | …固体が液体に変化する温度 |
| ② | …液体が気体に変化する温度 |

※純物質では，融点，沸点でグラフに平らな部分ができるが，混合物では平らな部分ができない。

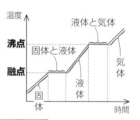

| 物質 | **純物質**…1種類の物質でできているもの（水，酸素，塩化ナトリウムなど） |
| | **混合物**…複数の物質でできているもの（空気，石油，海水など） |

・混合物の加熱

水とエタノールの混合物を加熱すると，沸点の低いエタノールが先に気体に変化する。**出てきた気体を冷やしてふたたび液体にして集める方法**を ③ という。このように，**沸点の違いを利用**して混合物中の物質を分離することができる。

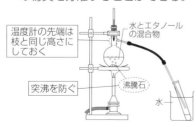

温度計の先端は枝と同じ高さにしておく

水とエタノールの混合物

突沸を防ぐ

沸騰石

水

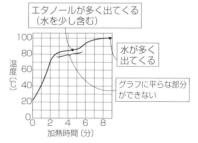

エタノールが多く出てくる（水を少し含む）

水が多く出てくる

グラフに平らな部分ができない

1 下図は物質を加熱したり冷却したりしたときの状態の変化を表したものである。次の各問いに答えなさい。 (博多女高)

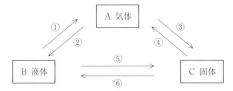

(1) 水は状態によって変化する。前図のA～Cの水の状態をそれぞれ何というか答えなさい。 A (　　　　) B (　　　　) C (　　　　)

(2) ①～⑥の矢印のうち，冷却したときの状態の変化を表している，3つすべて選び，番号で答えなさい。 (　　)(　　)(　　)

(3) ビーカーに30gの液体のロウを入れて封をして固体のロウにしたとき，固体になったロウの質量はどうなるか。次のア～ウから1つ選び，記号で答えなさい。 (　　　)

　　ア　30gよりも小さくなっている。　　イ　30gより大きくなっている。

　　ウ　30gのまま変わらない。

2 状態変化に関する次の問いに答えなさい。 (樟蔭高[改題])

　図1は，固体・液体・気体と状態が変化するようすを表したものである。一般的に，質量が同じ場合，体積はX＜Y＜Zのようになる。

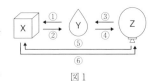

図1

(1) Xは，固体・液体・気体のいずれを表しているか。 (　　　　)

(2) 加熱を表しているものを，①～⑥からすべて選びなさい。 (　　　　)

(3) 一般的に，密度がもっとも小さい状態を，X～Zから選びなさい。

(　　　)

(4) 物質をつくる粒子の運動がもっとも激しいものを，X～Zから選びなさい。

(　　　)

(5) 金属に分類される水銀は，融点－39℃，沸点357℃である。教室の気温であれば，どの状態か。X～Zから選びなさい。 (　　　　)

3 図1は，氷を加熱して状態変化するときの時間と温度の関係を表した図です。
後の問いに答えなさい。 (羽衣学園高)

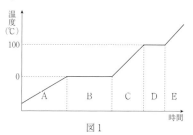

図1

(1) 物質が固体から液体に状態変化するときの温度を①〔　　〕といい，物
質が液体から気体に状態変化するときの温度を②〔　　〕という。空らん
①〔　　〕，②〔　　〕に当てはまる語句を漢字で答えなさい。
①(　　　　　) ②(　　　　　　)

(2) 図中のB，Dにおける物質の状態を，次の**ア〜カ**からそれぞれ選び，記号
で答えなさい。B(　　　) D(　　　)

ア 気体　**イ** 液体　**ウ** 固体　**エ** 気体と液体の混じった状態
オ 液体と固体の混じった状態　　**カ** 気体と固体の混じった状態

(3) 表1は，物質の①〔　　〕，②〔　　〕を表した表である。90℃でのエタノー
ル，ナフタレンの状態を**ア〜ウ**から選び，記号で答えなさい。同じ記号を用
いてもかまいません。エタノール(　　　) ナフタレン(　　　)

表1

物質	①〔　　〕(℃)	②〔　　〕(℃)
水	0	100
エタノール	－115	78
ナフタレン	81	218
酸素	－218	－183
食塩	801	1413

ア 気体　**イ** 液体　**ウ** 固体

(4) 赤ワインの主な成分はエタノールと水です。赤ワインからなるべく純粋な
エタノールを取り出すにはどうすればよいですか。簡単に説明しなさい。
(　　　　　　　　　　　　　　　　　　　　　　　　　　　　　　)

4 物質の状態変化に関する実験を行った。後の問いに答えなさい。 (富山県)

〈実験〉

⑦ 図1のように装置を組み立て，水64gとエタノール9gの混合物を弱火で加熱した。

⑦ 出てきた気体の温度を温度計で1分おきに20分間はかり，グラフに表したところ図2のようになった。

⑨ 4分おきに試験管を交換し，出てきた液体を20分間で5本の試験管に集めた。

⑨ 試験管に集めた液体の性質を調べ，表にまとめた。

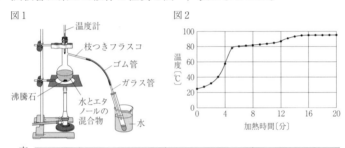

図1　図2

表

試験管	体積〔cm^3〕	におい	火をつけたとき
A	11.3	ほとんどしない	燃えない
B	7.5	する	燃える
C	4.6	少しする	燃えない
D	5.3	する	少し燃える
E	0.4	する	燃える

(1) 液体を熱して沸騰させ，出てくる蒸気を冷やして再び液体として取り出すことを何というか，書きなさい。（　　　　　）

(2) ⑦において，エタノールを溶質，水を溶媒としたときの質量パーセント濃度はいくらか，小数第1位を四捨五入して整数で答えなさい。

（　　　　　％）

(3) 沸騰は加熱開始から何分後に始まったか，図2のグラフをもとに書きなさい。（　　　　分後）

(4) 表の結果から，試験管A〜Eを集めた順に並べ，記号で答えなさい。

（　　→　　→　　→　　→　　）

5 物資どうしの化学変化 近道問題

◆物質どうしの化学変化

・炭酸水素ナトリウムの加熱（分解）

物質	炭酸水素ナトリウム	炭酸ナトリウム	水	二酸化炭素
特徴	フェノールフタレイン液	フェノールフタレイン液	塩化コバルト紙	石灰水
	うすい赤	こい赤	青から赤	白くにごる
化学反応式	$2NaHCO_3 \rightarrow$	Na_2CO_3	$+ \quad H_2O$	$+ \quad CO_2$

・酸化銀の加熱（分解）

物質	酸化銀	銀	酸素
特徴	黒色	白色（こすると銀色）	火のついた線香を近づけると，激しく燃える
化学反応式	$2Ag_2O \rightarrow$	$4Ag$	$+ \quad O_2$

・水の電気分解

物質	水	水素	酸素
発生する極		陰極（−極）	陽極（＋極）
特徴	電流を通しやすくするため，水酸化ナトリウムをとかす	マッチの火を近づけると，音を立てて燃える	火のついた線香を近づけると，激しく燃える
体積比		2	1
化学反応式	$2H_2O \rightarrow$	$2H_2$	$+ \quad O_2$

・塩化銅水溶液の電気分解

物質	塩化銅	銅	塩素
発生する極		陰極（−極）	陽極（＋極）
特徴	青色（反応がすすむとうすくなる）	赤かっ色の物質が付着する	赤インクを加えると，色が消える（漂白作用）
化学反応式	$CuCl_2 \rightarrow$	Cu	$+ \quad Cl_2$

黄緑色，刺激臭も塩素の特徴

・鉄と硫黄の反応（結びつく変化）

物質	鉄と硫黄	硫化鉄
磁石を近づける	引きつけられる	引きつけられない
塩酸を加える	水素が発生（無色・無臭）	硫化水素が発生（無色・腐卵臭）
化学反応式	$Fe \quad + \quad S \rightarrow$	FeS

※この反応は**熱が発生**するため，加熱を途中でやめても反応は続く。

1 炭酸水素ナトリウムを加熱したときの化学変化について調べるために，次の
Ⅰ～Ⅲの手順で実験を行った。この実験に関して，下の(1)～(3)の問いに答えな
さい。 (新潟県[改題])

Ⅰ 右図のように，炭酸水素ナトリウムの粉末を
乾いた試験管Aに入れて加熱し，発生する気体
を試験管Bに導いた。しばらくすると，試験管
Bに気体が集まり，その後，気体が出なくなっ
てから，加熱をやめた。試験管Aの底には白い

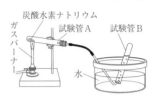

粉末が残り，口の方には液体が見られた。この液体に塩化コバルト紙をつけ
たところ，塩化コバルト紙の色が変化した。

Ⅱ Ⅰで加熱後の試験管Aに残った白い粉末を取り出し，水溶液をつくった。
また，炭酸水素ナトリウムの水溶液を用意し，それぞれの水溶液に，フェノー
ルフタレイン溶液を加えると，白い粉末の水溶液は赤色に，炭酸水素ナトリ
ウムの水溶液はうすい赤色に変わった。

Ⅲ Ⅰで試験管Bに集めた気体に，水でしめらせた青色リトマス紙をふれさせ
たところ，赤色に変わった。

(1) Ⅰについて，下線部分の色の変化として，最も適当なものを，次のア～エ
から1つ選び，その符号を書きなさい。（　　　　）

ア 青色から桃色　　イ 桃色から青色　　ウ 青色から黄色

エ 黄色から青色

(2) Ⅱについて，Ⅰで加熱後の試験管Aに残った白い粉末の水溶液の性質と，
炭酸水素ナトリウムの水溶液の性質を述べた文として，最も適当なものを，
次のア～エから1つ選び，その符号を書きなさい。（　　　　）

ア どちらも酸性であるが，白い粉末の水溶液の方が酸性が強い。

イ どちらも酸性であるが，炭酸水素ナトリウムの水溶液の方が酸性が強い。

ウ どちらもアルカリ性であるが，白い粉末の水溶液の方がアルカリ性が
強い。

エ どちらもアルカリ性であるが，炭酸水素ナトリウムの水溶液の方がアル
カリ性が強い。

(3) Ⅲについて，試験管Bに集めた気体の性質を，書きなさい。

（　　　　　　　　　　　　　　　　　　　　　　　　　　　　　　　）

2 酸化銀を加熱した時の変化を調べるため，かわ
いた試験管 A に酸化銀を入れ，図 1 のように，ガ
スバーナーで十分に加熱した。加熱している試験
管 A から，はじめに出てくる気体は集めず，しば
らくして出てきた気体を試験管 B に集めた。次の
各問いに答えなさい。　　　　（博多女高[改題]）

図1

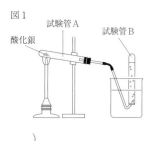

(1) 加熱する前の酸化銀の色を答えなさい。（　　　　　）

(2) 酸化銀を十分に加熱した後，試験管 A に残った物質について答えなさい。

　① 試験管 A に残った物質の色は何色か。（　　　　　）

　② 試験管 A に残った物質の性質についてあてはまるものを次のア〜キから
　　すべて選び，記号で答えなさい。（　　　　　）

　　ア　磁石にくっつく　　イ　電気を通しやすい

　　ウ　熱を伝えやすい　　エ　燃やすと二酸化炭素が発生する

　　オ　磨くと光る　　　　カ　うすい塩酸をかけると水素が発生する

　　キ　たたいて延ばしたり広げたりしやすい

3 図のような装置を組み立て，酸化銀を加
熱する実験を行ったところ，気体が発生し
た。次の各問いに答えなさい。

（福岡工大附城東高[改題]）

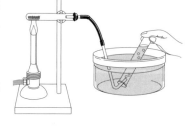

(1) この実験で起こっている化学変化を化
学反応式で表しなさい。

　（　　　　　　　　　　　　　　　）

(2) 発生した気体の性質を次の①〜③についてまとめた。最も適するものを，
ア〜ケの中からそれぞれ 1 つずつ選び，記号で答えなさい。

　①　におい（　　　　）

　　ア　無臭　　イ　刺激臭　　ウ　腐卵臭

　②　火のついた線香を近づける（　　　　）

　　エ　火が消える　　オ　炎を出して燃える　　カ　爆発して水滴ができる

　③　石灰水に入れる（　　　　）

　　キ　白くにごる　　ク　黒い沈殿ができる　　ケ　変化しない

4 右図のような装置で，水の電気分解を行ったとこ
ろ，－極側に気体A，＋極側に気体Bが発生した。
次の問いに答えなさい。 （金蘭会高[改題]）

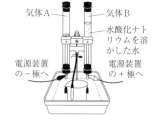

(1) 気体A，気体Bの性質を，次のア～エから1
つずつ選びなさい。A（　　　） B（　　　）

ア マッチの火を近づけると，ポッと音をたてて
気体が燃える。

イ 水によく溶け，特有の刺激臭がある。

ウ 石灰水を白くにごらせる。

エ 火のついた線香を入れると，線香が炎を上げて激しく燃える。

(2) この実験で起こった化学変化を化学反応式で書きなさい。

（　　　　　　　　→　　　　　　　　　　）

5 塩酸の電気分解について調べるために，次の実験を行った。後の問いに答え
なさい。 （山形県[改題]）

【実験】 図1のような装置を組み，炭素棒を電極として
用いてうすい塩酸を電気分解し，各電極で起こる変
化の様子を観察した。

図1

次は，実験の結果をまとめたものである。後の問いに
答えなさい。

うすい塩酸を電気分解すると，陰極からは　a　，陽
極からは塩素が発生する。両極で発生する気体の体積は同じであると考えら
れるが，実際に集まった気体の体積は　b　極側の方が少なかった。これは，
　b　極で発生した気体が　c　という性質をもつためである。

(1) 　a　，　b　にあてはまる語の組み合わせとして適切なものを，次のア
～カから1つ選び，記号で答えなさい。（　　　）

ア a 水素 b 陰 イ a 窒素 b 陰

ウ a 酸素 b 陰 エ a 水素 b 陽

オ a 窒素 b 陽 カ a 酸素 b 陽

(2) 　c　にあてはまる言葉を書きなさい。

（　　　　　　　　　　　　　　　　　）

6 次の文章を読み，以下の問いに答えなさい。　　　　（京都先端科学大附高[改題]）

　図のように，塩化銅水溶液の入ったビーカーに，2本の炭素電極を入れ，それぞれを電源につなぎ，電流を流した。その結果，陽極からは気体が発生し，陰極には物体が付着した。

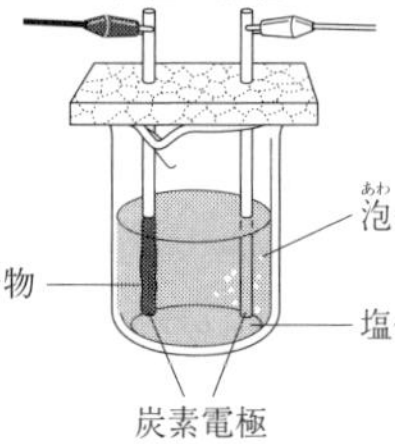

陰極　陽極

泡が出ている。

付着物

塩化銅水溶液

炭素電極

(1) 塩化銅水溶液に電流を流し続けると，水溶液の色はどうなりますか。最も適当なものを選んで，その記号を答えなさい。

（　　　）

ア　しだいに濃くなっていく
イ　しだいにうすくなっていく
ウ　電流を流す前と変わらない
エ　電流を流し始めた直後に無色になる

(2) 陽極付近に赤インクを垂らしたときに起こる現象として最も適当なものを選んで，その記号を答えなさい。（　　　）
ア　赤色がしだいに濃くなっていく
イ　赤色がしだいにうすくなっていく
ウ　赤色がしだいに黄色に変わっていく
エ　赤インクの色に変化はない

(3) 陽極から発生した気体は何ですか。最も適当なものを選んで，その記号を答えなさい。（　　　）
ア　水素　　イ　酸素　　ウ　塩素　　エ　塩化水素

(4) 陰極に付着した物質として最も適当なものを選んで，その記号を答えなさい。（　　　）
ア　塩化水素　　イ　塩化銅　　ウ　酸化銅　　エ　銅

(5) この実験を表す化学反応式として最も適当なものを選んで，その記号を答えなさい。（　　　）
ア　$CuCl_2 + H_2O \rightarrow CuO + 2HCl$
イ　$CuCl_2 + H_2O \rightarrow H_2 + CuO + Cl_2$
ウ　$CuCl_2 + 3H_2O \rightarrow 2H_2 + O_2 + CuO + 2HCl$
エ　$CuCl_2 \rightarrow Cu + Cl_2$

7 鉄粉7gと硫黄4gをよく混ぜ合わせて2本の
乾いた試験管A,Bに同量ずつ分けた。このう
ち,試験管Aだけに脱脂綿で栓をして図のよう
に加熱したところ,試験管Aの内部が赤くなっ
てきたので加熱をやめたが,反応は最後まで続い
た。試験管Aが冷えてから脱脂綿をはずし,(ア)試験管A,Bに磁石を近づけ
てみた。さらに,(イ)試験管A,Bにうすい塩酸を少量加えて発生する気体のに
おいを調べた。次の問いに答えなさい。

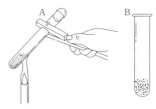

(京都文教高[改題])

(1) 試験管Aの加熱をやめた後も反応が最後まで続いたのはなぜか。次のア～
エから1つ選びなさい。（　　　）

ア 反応によって酸素が生じるから。

イ 反応によって水素が生じるから。

ウ 反応によって水蒸気が生じるから。

エ 反応によって熱が生じるから。

(2) 上の下線部(ア),(イ)のそれぞれの結果について,試験管A,Bのそれぞれに
当てはまる組み合わせを次のア～カから1つずつ選びなさい。

A（　　　）　B（　　　）

	(ア) 磁石を近づけたとき	(イ) うすい塩酸を加えて発生する気体のにおい
ア	磁石に引きつけられた	卵の腐ったようなにおい
イ	磁石に引きつけられた	鼻をつんと刺すようなにおい
ウ	磁石に引きつけられた	においはない
エ	磁石に引きつけられなかった	卵の腐ったようなにおい
オ	磁石に引きつけられなかった	鼻をつんと刺すようなにおい
カ	磁石に引きつけられなかった	においはない

(3) 試験管Bから発生した気体と同じ気体を生じる反応を次のア～オから1つ
選びなさい。（　　　）

ア 石灰石にうすい塩酸を加える。

イ 塩化銅水溶液を電気分解する。

ウ うすいアンモニア水を加熱する。

エ 二酸化マンガンにうすい過酸化水素水を加える。

オ 水を電気分解する。

6 酸素が関わる化学変化 近道問題

◆酸素が関わる化学変化

・酸化

空気中で金属を加熱すると，空気中の酸素が金属と結びつく。このような，物質が酸素と結びつく反応を ① という。

●銅（赤かっ色）＋酸素→酸化銅（黒色）

[化学反応式] $2Cu + O_2 → 2CuO$

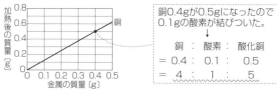

銅0.4gが0.5gになったので0.1gの酸素が結びついた。
↓

銅	：	酸素	：	酸化銅
＝ 0.4	：	0.1	：	0.5
＝ 4	：	1	：	5

●鉄＋酸素→酸化鉄（黒色）

[化学反応式] $2Fe + O_2 → 2FeO$

●マグネシウム＋酸素→酸化マグネシウム（白色）

[化学反応式] $2Mg + O_2 → 2MgO$

※この反応は，激しく熱や光を出しながら酸化する。このような反応は ② という。

●炭素＋酸素→二酸化炭素

[化学反応式] $C + O_2 → CO_2$

●水素＋酸素→水

[化学反応式] $2H_2 + O_2 → 2H_2O$

・還元

酸化物を炭素や水素などの物質とともに加熱すると，酸素がうばわれて酸化される前の物質を取り出すことができる。このような，酸化物から酸素がはなれる反応を ③ という。

●酸化銅＋炭素→銅＋二酸化炭素

[化学反応式] $2CuO + C → 2Cu + CO_2$

●酸化銅＋水素→銅＋水

[化学反応式] $CuO + H_2 → Cu + H_2O$

1 銅の粉末を酸化させたときの質量変化について調べるために次の実験をおこなった。以下の問いに答えなさい。表は班ごとの測定結果をまとめたものである。

(大商学園高)

【実験】

操作①　ステンレス皿の質量をはかる。

操作②　班ごとに配られた銅の粉末をステンレス皿にのせて加熱前の質量をはかる。

操作③　銅の粉末をうすく広げ、加熱する。

操作④　加熱をやめステンレス皿全体の質量をはかる。その後粉末をこぼさないように金属の薬品さじでかき混ぜる。

操作⑤　操作③、操作④を 5 回繰り返す。

表

	1 班	2 班	3 班	4 班	5 班
ステンレス皿の質量〔g〕	10.01	9.99	10.05	10.00	10.03
加熱前の質量〔g〕	10.61	10.79	11.05	11.20	11.43
1 回目の質量〔g〕	10.71	10.94	11.23	11.42	11.69
2 回目の質量〔g〕	10.74	10.97	11.27	11.47	11.75
3 回目の質量〔g〕	10.76	10.99	11.30	11.50	11.77
4 回目の質量〔g〕	10.76	10.99	11.30	11.50	11.78
5 回目の質量〔g〕	10.76	10.99	11.30	11.50	11.78

(1)　加熱前の銅の粉末がもっとも多い班は何班か、答えなさい。（　　　　　班）

(2)　銅と銅を完全に酸化したときにできる酸化銅の質量比はいくらか、もっとも簡単な整数比で答えなさい。銅：酸化銅＝（　　　　：　　　　）

(3)　銅と結びついた酸素の質量比はいくらか、もっとも簡単な整数比で答えなさい。銅：酸素＝（　　　　：　　　　）

(4)　1 班の実験について 1 回目の加熱で酸化されなかった銅は何〔g〕か、答えなさい。（　　　　　g）

(5)　一般に反応の前後で、その反応に関係している物質全体の質量は変わらない。この法則の名称を答えなさい。（　　　　　　）

(6)　この実験の化学反応式を答えなさい。（　　　　　　　　　　　　　　　）

2 下の実験について，次の問いに答えなさい。 （阪南大学高[改題]）

【実験】 図のように，マグネシウムの粉末をステンレ
ス皿に入れて空気中で十分に加熱したところ，
<u>多量の光と熱</u>をともなって反応した。

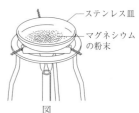

下表は，マグネシウムの粉末の質量をいろい
ろ変えて実験した結果を表したものである。た
だし，マグネシウムは酸素とのみ結びついたも
のとして，下表の実験ではマグネシウムはすべて反応したものとする。

表

マグネシウムの質量〔g〕	0.3	0.45	0.6	1.8	2.1
マグネシウムと酸素の化合物〔g〕	0.5	0.75	1.0	3.0	3.5

(1) 実験後のマグネシウムと酸素の化合物の色として最も適切なものをア～エ
の中から選び，記号で答えなさい。（　　　）

ア 光沢のある銀　イ 黒　ウ 白　エ 光沢のある赤

(2) マグネシウムと酸素の反応を，化学反応式で答えなさい。

（　　　　　　→　　　　　　　）

(3) マグネシウムと酸素はどのような質量の割合で結びついていますか，最も
簡単な整数比で答えなさい。マグネシウム：酸素（　：　）

(4) マグネシウム 2.7g と反応する酸素は何 g ですか。小数第 1 位まで答えな
さい。（　　　g）

3 マグネシウムと酸素が結びつくと酸化マグネシウム
ができる。右のグラフは反応したマグネシウムの質量
と酸化マグネシウムの質量の関係を表したものである。
各問いに答えなさい。 （大阪偕星学園高[改題]）

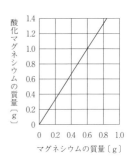

(1) マグネシウムを燃焼させたところ，1.0g の酸化マ
グネシウムができた。結びついた酸素は何 g になる
か求めなさい。ただし，マグネシウムはすべて燃焼
するものとする。（　　　g）

(2) 燃焼するマグネシウムの質量は，結びつく酸素の質量の何倍になるか求め
なさい。（　　　倍）

4 酸化銅に活性炭を混ぜて次のような実験装置で化学反応を起こしました。次の実験操作を読み，以下の問いに答えなさい。 （京都西山高[改題]）

〈実験操作〉

1. 酸化銅 2.0g，活性炭 1.6g をはかりとり，乳鉢でよく混ぜ合わせ混合粉末にした。

2. 混合粉末を試験管の中に入れ，右図のように実験装置を組み立てた。

3. ガスバーナーで加熱し，気体の発生によって，石灰水がどのように変化したか調べた。

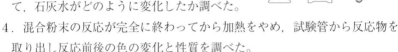

4. 混合粉末の反応が完全に終わってから加熱をやめ，試験管から反応物を取り出し反応前後の色の変化と性質を調べた。

(1) 〈実験操作〉3 で石灰水の変化から次のことがわかりました。（ ① ）（ ② ）に適切な言葉を入れなさい。①（　　　　　）②（　　　　　）

　「混合粉末を加熱していくと石灰水の色が（ ① ）。したがって，（ ② ）が発生したことがわかった。」

(2) 〈実験操作〉4 で取り出した生成物の色を次のア～エから 1 つ，生成物について正しく書かれている説明文をカ～ケから 1 つ選びなさい。

（　　　）（　　　）

ア　青紫色　　イ　黒色　　ウ　赤かっ色　　エ　緑色

カ　金属としての性質は失われている。

キ　磁石につき，熱伝導の良さなどから鍋に用いられる。

ク　電気伝導性の良さなどから，電子機器の回路やコンセントなどに用いられている。

ケ　硬貨に用いられ，磁石にくっつかない。ルビー，サファイアの鉱物の主な元素である。

(3) 次の文の空欄を埋めなさい。

①（　　　　　　　　　）②（　　　　　）③（　　　　　）

④（　　　　　）

　今回，行った実験の化学反応式は（ ① ）である。このように酸化物から酸素をうばいとることを（ ② ），この逆で酸素と結びつくことを（ ③ ）という。また，活性炭を気体の（ ④ ）に置き換えても今回の実験のような（ ② ）が起こる。

7 化学変化と質量

◆化学変化と質量

・質量保存の法則

化学変化によって物質をつくる原子の組み合わせは変化するが，原子の ① □ と ② □ は変化しないため，反応の前後で質量は変化しない。これを， ③ □ の法則という。

●水酸化バリウム＋硫酸→硫酸バリウム（白色）＋水

[化学反応式] $Ba(OH)_2 + H_2SO_4 \rightarrow BaSO_4 + 2H_2O$

白色の沈澱ができる

反応の前後で質量が同じになる

200g　　　200g

・気体が発生する化学変化と質量

●うすい塩酸50cm³に石灰石を加える

→二酸化炭素が発生する

塩酸

石灰石

加えた石灰石の質量 (g)	1.0	2.0	3.0	4.0	5.0	6.0
反応前の全体の質量 (g)	90.5	91.5	92.5	93.5	94.5	95.5
反応後の全体の質量 (g)	90.5	91.5	92.5	93.5	94.5	95.5
反応後，ふたをあけた後の質量 (g)	90.1	90.7	91.3	91.9	92.9	93.9
発生した気体の質量 (g)	0.4	0.8	1.2	1.6	1.6	1.6

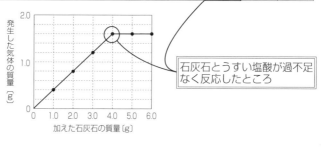

石灰石とうすい塩酸が過不足なく反応したところ

1 化学反応前後の質量の変化を調べるために，実験1〜3を行った。次の問いに答えなさい。
（金蘭会高[改題]）

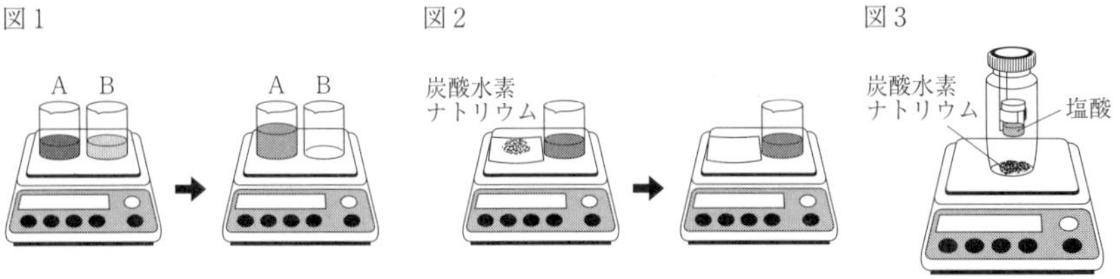

図1　　　　　　　　　　図2　　　　　　　　　　図3

〔実験1〕

① 図1のようにAのビーカーに2.5％の硫酸を入れ，Bのビーカーに2.5％の水酸化バリウム水溶液を入れて，質量をはかった。

② AとBを混ぜて，ふたたび全体の質量をはかった。

〔実験2〕

① 図2のように炭酸水素ナトリウムとビーカーにうすい塩酸を入れて，質量をはかった。

② 炭酸水素ナトリウムをビーカーに入れて，ふたたび全体の質量をはかった。

〔実験3〕

① 図3のように，炭酸水素ナトリウムとうすい塩酸をふたのできる密閉した容器の中に分けて入れ，反応させる前の質量をはかった。

② 容器を傾けて，炭酸水素ナトリウムとうすい塩酸を反応させて，ふたたび全体の質量をはかった。

(1) 実験1で，2つの水溶液を混ぜ合わせたときに沈殿ができた。この沈殿を物質名で答えなさい。（　　　　　　）

(2) 実験1で，実験の前後で質量は，どうなりますか。次のア〜ウから選び，記号で答えなさい。（　　　）

　ア　増える　　イ　減る　　ウ　変化しない

(3) 実験2で，2つの物質を混ぜ合わせると，気体が発生した。この気体を物質名で答えなさい。（　　　　　　）

(4) 実験2で，実験の前後で質量は，どうなりますか。(2)のア〜ウから選び，記号で答えなさい。（　　　）

(5) 実験3で，実験の前後で質量は，どうなりますか。(2)のア〜ウから選び，記号で答えなさい。（　　　）

2 化学変化と物質の質量の関係を調べるための実験を行った。次の各問いに答えなさい。 (奈良大附高[改題])

【準備】

　　図1のように，炭酸飲料用ペットボトルの中に炭酸水素ナトリウム1gと，うすい塩酸10cm^{3}を入れた試験管を，炭酸水素ナトリウムとうすい塩酸が混ざらないようにゆっくりと入れ，ペットボトル

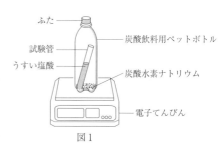

図1

のふたを閉めた。このままペットボトル全体の質量を電子てんびんで測定すると，75.0gであった。

【実験1】

　　ふたを閉めたままペットボトル全体を傾けて，炭酸水素ナトリウムとうすい塩酸を反応させた。反応が終わった後にペットボトル全体の質量を電子てんびんで測定すると，75.0gであった。

【実験2】

　　反応が終わった後のペットボトルのふたをゆるめて，ペットボトル全体の質量を電子てんびんで測定すると，74.5gであった。

(1) 炭酸水素ナトリウムのように，2種類以上の原子が組み合わさってできている物質を何というか，漢字で答えなさい。（　　　　　）

(2) 実験1において，下の（ ① ）と（ ② ）に適切な化学式を入れ，ペットボトルの中で起こった化学変化の化学反応式を完成させなさい。ただし，係数は必要に応じて入れなさい。①（　　　　　）　②（　　　　　）

　　$HCl + NaHCO_3 \rightarrow NaCl + (①) + (②)$

(3) 実験1を行ってもペットボトル全体の質量は変わらなかった。このように化学変化の前後で，物質全体の質量が変わらないことを何の法則というか，答えなさい。（　　　　　の法則）

(4) 実験2で測定したペットボトル全体の質量が，実験1で測定したものより小さくなった理由を，簡潔に説明しなさい。

　　（　　　　　　　　　　　　　　　　　　　　　　　　　　　）

3 図1のように，ふたのある容器に，石灰石とうすい塩酸 を入れて，容器全体の質量を測定しました。これを質量①とします。次に，ふたを閉めたままこの容器を傾け，石灰石とうすい塩酸を反応させ，ふたたび容器全体の質量を測定しました。これを質量②とします。最後に，ふたを開けて十分な時間をおいてから，容器全体の質量を測定しました。これを質量③とします。うすい塩酸の質量を30gで統一し，石灰石の質量を2.00gから12.00gまで，2.00gずつ変えて同じ操作を行い，質量①〜③をそれぞれ測定しました。表と図2のグラフは，その結果をまとめたものです。(1)〜(6)の問いに答えなさい。

図1

石灰石　うすい塩酸

（武庫川女子大附高[改題]）

表

石灰石の質量〔g〕	2.00	4.00	6.00	8.00	10.00	12.00
質量①〔g〕	122.40	124.40	126.40	128.40	130.40	132.40
質量②〔g〕	122.40	124.40	126.40	128.40	130.40	132.40
質量③〔g〕	121.52	122.64	123.76	125.10	127.10	129.10

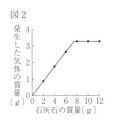

図2

(1) この実験のように，化学変化の前後で質量が変わらない理由を「原子」という言葉を用いて説明しなさい。
（　　　　　　　　　　　　　　　　　）

(2) 次の式は，この実験で起こった化学変化を表した反応式です。式中の（ X ）に当てはまる化学式を答えなさい。（　　　　　）

$CaCO_3 + 2HCl →$ （ X ） $+ CO_2 + H_2O$

(3) 石灰石の質量が12.00gのとき，うすい塩酸と反応させたあと，石灰石の一部が溶け残りました。次の石灰石の質量ア〜オのうち，同じように石灰石の一部が溶け残るものをすべて選び，記号で答えなさい。（　　　　）

ア　2.00g　　イ　4.00g　　ウ　6.00g　　エ　8.00g　　オ　10.00g

(4) うすい塩酸30gがすべて反応するとき，発生する気体の質量は何gですか。
（　　　　g）

(5) うすい塩酸30gと過不足なく反応する石灰石の質量は何gですか。
（　　　　g）

(6) 石灰石の質量が12.00gのとき，溶け残った石灰石をすべて溶かすためには，少なくともあと何gのうすい塩酸が必要ですか。（　　　　g）

8 イオン

◆イオン

・電流を通す水溶液

| ① | …水に溶かしたときに電流を通す物質 |

| ② | …水に溶かしたときに電流を通さない物質 |

（砂糖，エタノール，蒸留水など）

・イオン

| ③ | …電子を失い，＋の電気を帯びた原子 |

| ④ | …電子をもらい，－の電気を帯びた原子 |

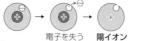

電子を失う　**陽イオン**　　　　電子をもらう　**陰イオン**

・電離

電解質を水に溶かすと，**陽イオン**と**陰イオン**に分かれる。これを**電離**
という。

HCl（塩酸）→H$^+$（水素イオン）＋Cl$^-$（塩化物イオン）

CuCl$_2$（塩化銅）→Cu^{2+}（銅イオン）＋2Cl$^-$（塩化物イオン）

◆電池

・2種類の金属を，電流を通す水溶液に入れ，導線でつなぐと電流を取り
出すことができる。この装置を⑤ _____（化学電池）という。

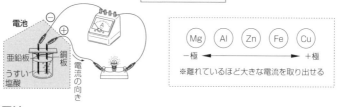

・**燃料電池**

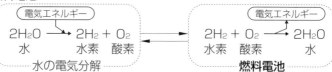

$$2H_2O \longrightarrow 2H_2 + O_2$$
水　　　水素　酸素

$$2H_2 + O_2 \longrightarrow 2H_2O$$
水素　酸素　　　水

└──── 水の電気分解 ────┘　　　　　　　**燃料電池**

※水しか発生しないので，環境への影響が少ない。

1 原子の中心には（ a ）が1個あり，そのまわりを（ b ）がいくつかまわっています。（ a ）には，正の電気をもつ（ c ）と電気をもたない（ d ）がいくつかつまっています。原子が（ b ）を受け取ったり，放出したりするとイオンができます。（ b ）を受け取れば（ e ）イオンに，（ b ）を放出すれば（ f ）イオンになります。

（ e ）イオンと（ f ）イオンが多数集まってできている塩化銅は固体の状態では電気が流れません。しかし水溶液にすると電気が流れます。これは塩化銅が水溶液中で電離し，（ e ）イオンと（ f ）イオンに分かれるからです。

（関西大倉高[改題]）

(1) 文中の（ a ）～（ f ）に適する語句の組み合わせを次の**ア～ク**から1つ選び，記号で答えなさい。（　　　）

	（ a ）	（ b ）	（ c ）	（ d ）	（ e ）	（ f ）
ア	電子	原子核	中性子	陽子	陽	陰
イ	電子	原子核	中性子	陽子	陰	陽
ウ	電子	原子核	陽子	中性子	陽	陰
エ	電子	原子核	陽子	中性子	陰	陽
オ	原子核	電子	中性子	陽子	陽	陰
カ	原子核	電子	中性子	陽子	陰	陽
キ	原子核	電子	陽子	中性子	陽	陰
ク	原子核	電子	陽子	中性子	陰	陽

(2) （ b ）と（ c ）の質量の関係を等号または不等号を用いて表したものとしてもっとも適するものを次の**ア～ウ**から1つ選び，番号で答えなさい。

（　　　）

ア b＝c　　**イ** b＞c　　**ウ** b＜c

(3) 塩化銅水溶液中での塩化銅の電離のようすを化学式を使って答えなさい。

（　　　　　　　　　　　　　　　）

(4) 塩化銅のように水に溶かしたとき水溶液に電気が流れる物質を次の**ア～オ**からすべて選び，記号で答えなさい。また，このような物質を何というか答えなさい。記号（　　　）　物質（　　　　）

ア 水酸化ナトリウム　　**イ** 砂糖　　**ウ** 塩化ナトリウム
エ エタノール　　**オ** 塩化水素

2 右図のような電池について、次の(1)から(3)の各問いに答えなさい。　(金光八尾高[改題])

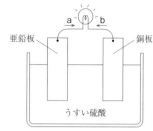

(1) 電流の流れる向きは、図の**a**, **b**のどちらですか。（　　　）

(2) 亜鉛板、銅板で起こる変化を、次のアからクよりそれぞれ1つずつ選び、記号で答えなさい。ただし、⊖は電子を表します。

亜鉛板（　　　）　銅板（　　　）

ア　$Zn \rightarrow Zn^+ + \ominus$　　イ　$Zn \rightarrow Zn^{2+} + 2\ominus$　　ウ　$Zn^{2+} + 2\ominus \rightarrow Zn$

エ　$Zn^+ + \ominus \rightarrow Zn$　　オ　$H^{2+} + 2\ominus \rightarrow H_2$　　カ　$2H^+ + 2\ominus \rightarrow H_2$

キ　$Cu^{2+} + 2\ominus \rightarrow Cu$　　ク　$Cu \rightarrow Cu^{2+} + 2\ominus$

(3) 電池について述べた次のアからエの文章で、誤りを含むものを1つ選び、記号で答えなさい。（　　　）

ア　電池は、物質がもっている化学エネルギーを化学変化によって電気エネルギーに変換して取り出すことができる。

イ　水の電気分解と同じ反応を利用して、電気エネルギーを直接取り出す装置を燃料電池という。

ウ　リチウムイオン電池や鉛蓄電池のように、充電することによって繰り返し使うことのできる電池を二次電池という。

エ　ろ紙に濃い塩化ナトリウム水溶液をしみこませて備長炭に巻き、さらにその上からアルミニウムはくを巻いたものは、電池としてはたらく。

3 電池に関する次の文章を読んで、後の各問いに答えなさい。　(関西大学高)

18世紀末、イタリアの物理学者であるボルタは、亜鉛と銅とうすい硫酸（H_2SO_4）を使った図1のような電池を発明した。

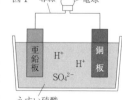

銅と亜鉛では、亜鉛の方が陽イオンになりやすく、亜鉛は電子を放出して亜鉛イオンとなり、水溶液中に溶け出す。このとき、放出された電子は導線を通って銅板に移動する。①銅板上では水溶液中の水素イオンがこの電子を受け取って水素が発生する。ボルタの電池では、このようにして電気を取り出すことができる。

しかし，この電池に豆電球をつなぐと，はじめは明るく点灯するが，発生する水素の影響ですぐに暗くなって消えてしまう。

そこで，イギリスのダニエルはこれを改良した図2のような電池を発明した。

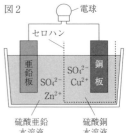

図2

この電池は，硫酸亜鉛水溶液（ZnSO₄）と硫酸銅水溶液（CuSO₄）が混ざらないようにセロハンで仕切られている。亜鉛は，ボルタの電池と同様に電子を放出して亜鉛イオンとなり，水溶液中に溶け出す。また，銅板上では水素イオンの代わりに水溶液中の銅イオンが電子を受け取って銅になる。このような反応によって，ダニエルの電池は水素を発生させることなく，電気を取り出すことができる。

また，②セロハンにはとても小さな穴が開いており，それぞれの水溶液中の陽イオンと陰イオンのバランスが崩れたときに，イオンがその穴を通って移動し，バランスを保つことができるのである。

(1) ボルタの電池とダニエルの電池で，共通して－極になるのは亜鉛板と銅板のどちらであるかを答えなさい。（　　　　　　）

(2) ボルタの電池では，亜鉛が亜鉛イオンになる反応は，$[Zn → Zn^{2+} + 2\ominus]$のように表すことができる。この反応式を参考に，下線部①を表す反応式を答えなさい。ただし，$\ominus$は電子を表している。

$$[\qquad\qquad\qquad\qquad\qquad]$$

(3) ボルタの電池で，亜鉛イオンが1個溶け出すとき，水溶液中で減少するイオンの化学式とその個数を答えなさい。

化学式（　　　　　） 個数（　　　　　個）

(4) 下線部②のイオンの移動について，正しく説明しているものを次のア～エから2つ選び，記号で答えなさい。（　　　）（　　　）

ア $SO_4{}^{2-}$が亜鉛板の方へ移動する。　イ $SO_4{}^{2-}$が銅板の方へ移動する。
ウ Zn^{2+}が銅板の方へ移動する。　エ Cu^{2+}が亜鉛板の方へ移動する。

(5) ダニエルの電池で，より長く電気を取り出し続けるためには，どのような工夫をすればよいか。次のア～エから2つ選び，記号で答えなさい。

（　　　）（　　　）

ア 硫酸亜鉛水溶液を濃くする。　イ 硫酸銅水溶液を濃くする。
ウ 亜鉛板を大きくする。　エ 銅板を大きくする。

9 酸・アルカリ・中和　近道問題

◆中和

・酸

水に溶かしたとき，水素イオン（H⁺）を生じる物質

＜酸の性質＞

リトマス紙　**青色→赤色**	pH 試験紙　**黄色～赤色**
緑色の BTB 液を**黄色**に変える	
マグネシウムなどの金属を加えると**水素**が発生する	

・アルカリ

水に溶かしたとき，水酸化物イオン（OH⁻）を生じる物質

＜アルカリの性質＞

リトマス紙　**赤色→青色**	pH 試験紙　**青色**
緑色の BTB 液を**青色**に変える	
フェノールフタレイン液を**赤色**に変える	

・中和

水素イオンと水酸化物イオンが結びついて**水**ができ，互いの性質を打ち消し合う反応を ① という。このとき同時に，アルカリの陽イオンと酸の陰イオンが結びつき，② ができる。

> HCl → H⁺ + Cl⁻
> （塩酸→水素イオン＋塩化物イオン）
> NaOH → Na⁺ + OH⁻
> （水酸化ナトリウム→ナトリウムイオン＋水酸化物イオン）
>
> **HCl + NaOH → H₂O + NaCl**
> 　酸　　　アルカリ　　　水　　　　塩
> （塩酸＋水酸化ナトリウム→水＋塩化ナトリウム）

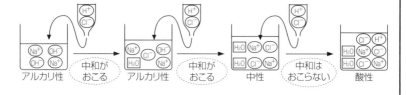

1 酸とアルカリについて，次の文章を読み，下の各問いに答えなさい。

（華頂女高[改題]）

　水溶液中で電離して（　①　）を生じる物質を酸という。また，水溶液中で電離して（　②　）を生じる物質をアルカリという。水溶液の酸性・アルカリ性の強さを表すには，pH が用いられる。pH の値が　A　のとき，水溶液は中性である。pH の値が　A　より小さいほど酸性が強く，pH の値が　A　より大きいほどアルカリ性が強い。

　水溶液の酸性・アルカリ性を調べる指示薬には，BTB 溶液やフェノールフタレイン溶液などがある。酸性の水溶液は，緑色の BTB 溶液を（　③　）色に変える。アルカリ性の水溶液は，緑色の BTB 溶液を（　④　）色に変える。また，フェノールフタレイン溶液を（　⑤　）色に変える。

　酸性の水溶液とアルカリ性の水溶液を混ぜると，（　①　）と（　②　）から（　⑥　）が生じることにより，酸とアルカリがたがいの性質を打ち消し合う反応がおこる。これを（　⑦　）という。このときアルカリの陽イオンと酸の陰イオンが結びついてできた物質を（　⑧　）という。

(1)　文中の（　①　）〜（　⑧　）に適する語句を，次のア〜コから選び，記号で答えなさい。

　　①（　　　）　②（　　　）　③（　　　）　④（　　　）　⑤（　　　）

　　⑥（　　　）　⑦（　　　）　⑧（　　　）

　　ア　水　　イ　塩　　ウ　水酸化物イオン　　エ　炭酸イオン

　　オ　水素イオン　　カ　青　　キ　赤　　ク　黄　　ケ　中和　　コ　酸化

(2)　文中の　A　に適する数字を，整数で答えなさい。（　　　　　　）

(3)　文中の下線部について，塩化ナトリウムと硫酸バリウムが生じるときの反応を化学式を用いて表すとどのようになるか。次の（　ⓐ　）〜（　ⓕ　）に適するイオンまたは物質を，化学式を用いて答えなさい。

　　ⓐ（　　　　）　ⓑ（　　　　）　ⓒ（　　　　）　ⓓ（　　　　）

　　ⓔ（　　　　）　ⓕ（　　　　）

　　ナトリウムイオン　＋　塩化物イオン　→　塩化ナトリウム
　　　　（　ⓐ　）　　　＋　　（　ⓑ　）　　→　　（　ⓒ　）

　　バリウムイオン　＋　硫酸イオン　→　硫酸バリウム
　　　　（　ⓓ　）　　　＋　　（　ⓔ　）　　→　　（　ⓕ　）

2 次の実験1・実験2に関する後の問いに答えなさい。（京都産業大附高[改題]）

【実験1】 図1のように，硝酸カリウム水溶液を
しみ込ませたろ紙に，赤色・青色のリトマス
紙A〜Dをのせ，その中央に塩酸をしみ込ま
せた細長いろ紙Eを置き，左右に電極となる
クリップをつないで電圧を加えました。

図1

硝酸カリウム水溶液をしみ込ませたろ紙
陽極　　　　　赤色リトマス紙　陰極

青色リトマス紙
塩酸または水酸化ナトリウム水溶液を
しみ込ませたろ紙

【実験2】 塩酸のかわりに，水酸化ナトリウム水
溶液をろ紙Eにしみ込ませて，実験1と同様の実験を行いました。

(1) 塩酸には，塩化水素という物質が溶けています。この物質が水溶液中で陽
イオンと陰イオンに分かれるようすを，イオンの化学式を用いた化学反応式
で表しなさい。（　　　　　　　　　　　　　　　）

(2) 実験1で，リトマス紙の色が変化する部分はどこですか。図1のA〜Dか
ら選び，記号で答えなさい。（　　　）

(3) (2)で，色が変化した部分に移動してきたイオンの名称を答えなさい。

（　　　　　　　）

(4) 実験2で，リトマス紙の色が変化する部分はどこですか。図1のA〜Dか
ら選び，記号で答えなさい。（　　　）

(5) (4)で，色が変化した部分に移動してきたイオンの名称を答えなさい。

（　　　　　　　）

3 酸性とアルカリ性の水溶液について，次の各問いに答えなさい。

（京都精華学園高[改題]）

(問) 図1のように，ビーカーに入って
いる塩酸に，こまごめピペットを用
いて水酸化ナトリウム水溶液を少し
ずつ加えていった。図2は，そのと
き加えた水酸化ナトリウム水溶液の
量と，ビーカー中の各イオンの数と
の関係を表したものである。図2の

図1

水酸化ナトリウム
水溶液

塩酸

図2

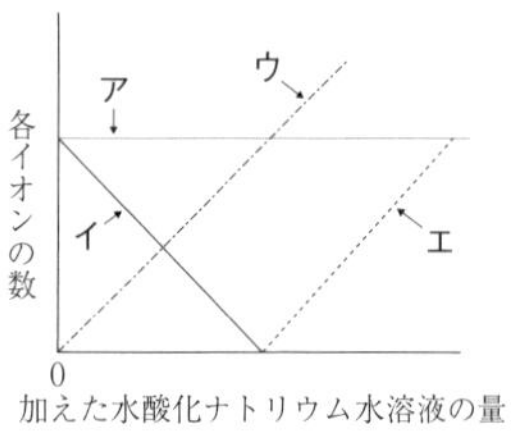

各イオンの数

ア　　　　　ウ

イ　　　　　エ

0
加えた水酸化ナトリウム水溶液の量

ア〜エのグラフのうち，水酸化物イオンの数の変化を示しているものはどれ
か。最も適切なものを選び，記号で答えなさい。（　　　）

4 水溶液の性質を調べるために，水酸化ナトリウム水溶液(A)，うすい塩酸(B)，うすい硫酸(C)をそれぞれ準備しました。水酸化ナトリウム水溶液(A) 10cm³ に少量の BTB 溶液を加えました。これに，うすい塩酸(B)を少しずつ加え，2cm³ ごとの混合溶液の色を調べた結果を表1にまとめました。また，図1～4は混合溶液中に含まれるイオンの数の変化をグラフに表したものです。次の各問いに答えなさい。

(大阪産業大附高)

表1

加えたうすい塩酸(B)の体積〔cm³〕	0	2	4	6	8	10
混合溶液の色	青	青	緑	黄	黄	黄

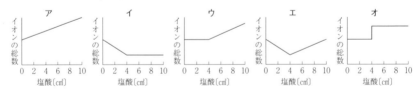

(1) 水酸化ナトリウム水溶液(A)と同じ性質を示す溶液はどれですか。ア～エから1つ選び記号で答えなさい。（　　　）

　ア　アンモニア水　　イ　炭酸水　　ウ　食塩水　　エ　エタノール

(2) 図2，4は何のイオンの数の変化を表していますか。それぞれア～エから1つずつ選び記号で答えなさい。図2（　　　）図4（　　　）

　ア　Na^+　　イ　Cl^-　　ウ　H^+　　エ　OH^-

(3) 水酸化ナトリウム水溶液(A) 10cm³ にうすい塩酸(B)を少しずつ加えたとき，混合溶液中のイオンの総数の変化をグラフに表すとどうなりますか。ア～オから1つ選び記号で答えなさい。（　　　）

ア	イ	ウ	エ	オ

(4) 水酸化ナトリウム水溶液(A) 12cm³ に少量の BTB 溶液を加えました。これにうすい塩酸(B) 2cm³ とうすい硫酸(C) 7cm³ を加えると混合溶液は緑色になりました。水酸化ナトリウム水溶液(A) 13cm³ を過不足なく中和するには，硫酸(C)は何 cm³ 必要ですか。（　　　　　　cm³）

5 硫酸と水酸化バリウム水溶液を混ぜ合わせると，水溶液ににごりが生じ，十分な時間が経つと，上澄み液と水に溶けにくい物質（沈殿）に分かれます。5つのビーカー A から E に同じ濃度の硫酸を 20cm³ ずつ入れ，さらに，同じ濃度で異なる体積の水酸化バリウム水溶液を加えました。次表は，加えた水酸化バリウム水溶液の体積と，生じた沈殿の質量を表しています。後の(1)から(5)の各問いに答えなさい。　　　　　　　　　　　　　　　　　　（金光八尾高[改題]）

表

ビーカー	A	B	C	D	E
水酸化バリウム水溶液の体積〔cm³〕	20	40	60	80	100
沈殿の質量〔g〕	0.14	0.28	0.42	0.49	0.49

(1) ビーカー A から E とは別に，硫酸を入れたビーカー X と水酸化バリウム水溶液を入れたビーカー Y を用意し，BTB 溶液をそれぞれ数滴加えました。BTB 溶液を加えた後のそれぞれのビーカー内の液の色は何色になりますか。次のアからオより1つ選び，記号で答えなさい。（　　　　）

　ア　ビーカー X は青色に，ビーカー Y は黄色になる。

　イ　ビーカー X は黄色に，ビーカー Y は緑色になる。

　ウ　ビーカー X は青色に，ビーカー Y は緑色になる。

　エ　ビーカー X は黄色に，ビーカー Y は青色になる。

　オ　ビーカー X は緑色に，ビーカー Y は黄色になる。

(2) この反応で生じる沈殿の物質の名称を答えなさい。（　　　　　　）

(3) 硫酸 20cm³ をすべて反応させるためには，水酸化バリウム水溶液は少なくとも何 cm³ 必要ですか。（　　　　　cm³）

(4) ビーカー B と E の水溶液を混ぜ合わせたとき，新たに生じる沈殿は何 g ですか。（　　　　g）

(5) はじめの実験で用いた硫酸の2倍の濃度の硫酸を 40cm³ 用意し，水酸化バリウム水溶液を加えて硫酸をすべて反応させるためには，水酸化バリウム水溶液は少なくとも何 cm³ 必要ですか。また，このときに生じる沈殿は何 g ですか。ただし，水酸化バリウム水溶液は，はじめの実験で用いたものと同じ濃度のものです。

　　　水酸化バリウム水溶液（　　　　　　cm³）　沈殿（　　　　　g）

解答・解説
近道問題

1. 物質の性質

① 有機物　② 無機物

1 エ

2 (1) 0.8 (g/cm^3)　(2) 160（g）　(3) 200 (cm^3)　(4) ① A　② B（と）C　③ D・F

3 (1) エ　(2) ア

(3) ① 8.96 (g/cm^3)　② F　③ C・E

4 (1) A. 砂糖　B. 食塩　C. デンプン

(2) CO_2　(3) ア・エ・オ　(4) オ

(5) オ→イ→ウ→ア→エ

◇ 解説 ◇

2

(1) $\dfrac{20（g）}{25（cm^3）} = 0.8（g/cm^3）$

(2) $1.6（g/cm^3）× 100（cm^3）= 160（g）$

(3) $\dfrac{400（g）}{2.0（g/cm^3）} = 200（cm^3）$

(4) ①・② 図より，

Aの密度は，$\dfrac{120（g）}{20（cm^3）} = 6（g/cm^3）$

Bは，$\dfrac{120（g）}{40（cm^3）} = 3（g/cm^3）$

Cは，$\dfrac{60（g）}{20（cm^3）} = 3（g/cm^3）$

Dは，$\dfrac{60（g）}{80（cm^3）} = 0.75（g/cm^3）$

Eは，$\dfrac{100（g）}{80（cm^3）} = 1.25（g/cm^3）$

Fは，$\dfrac{60（g）}{120（cm^3）} = 0.5（g/cm^3）$

③ ②より，水の密度よりも密度の小さい物質が水に浮かぶ。

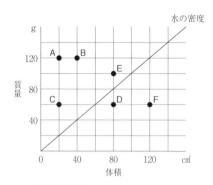

\ CHIKAMICHI /

↑ ちかみち

●グラフにおける密度の関係

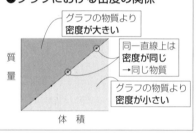

グラフの物質より
密度が大きい

同一直線上は
密度が同じ
→同じ物質

グラフの物質より
密度が小さい

質量 / 体積

3

(1) 表1の金属では鉄だけが磁石にくっつく。

(2) 表1より，密度が水の密度より小さいものを選ぶ。

(3) ① 図1より，固体Aを水に沈めたときのメスシリンダーの目盛りは $53.5cm^3$。固体Aの体積は，$53.5（cm^3）- 50.0（cm^3）= 3.5（cm^3）$　よって，固体Aの密度は，$\dfrac{31.36（g）}{3.5（cm^3）} = 8.96（g/cm^3）$　② 表2より，固体B〜Fの密度を求める。

Bは，$\dfrac{6.75（g）}{2.5（cm^3）} = 2.7（g/cm^3）$

Cは，$\dfrac{23.61\,(\mathrm{g})}{3\,(\mathrm{cm}^3)} = 7.87\,(\mathrm{g/cm}^3)$

Dは，$\dfrac{3.22\,(\mathrm{g})}{3.5\,(\mathrm{cm}^3)} = 0.92\,(\mathrm{g/cm}^3)$

Eは，$\dfrac{31.48\,(\mathrm{g})}{4\,(\mathrm{cm}^3)} = 7.87\,(\mathrm{g/cm}^3)$

Fは，$\dfrac{40.32\,(\mathrm{g})}{4.5\,(\mathrm{cm}^3)} = 8.96\,(\mathrm{g/cm}^3)$

よって，固体Aと同じ物質は，密度が等しい固体F。③ 表1より，鉄の密度は 7.87g/cm³。②より，密度が 7.87g/cm³ の固体CとEは鉄と考えられる。

\CHIKAMICHI/
ちかみち

●メスシリンダーの読み取り方

メスシリンダーで液体の体積を測るとき，**水面が最もへこんだ部分**を，最小目盛りの $\dfrac{1}{10}$ まで読み取る。

最もへこんだ部分

体積　15.5 cm³

4

(1) 実験1より，加熱しても燃えなかったBは食塩で，燃えたAとCは砂糖とデンプン。実験2より，ヨウ素液に反応したCがデンプンで，反応しなかったAが砂糖。

(2) 有機物は炭素を含むので，空気中で燃やすと二酸化炭素が生じる。二酸化炭素を石灰水に通すと石灰水が白くにごる。

(3) 紙とろうそくは有機物，木炭は主成分が炭素なので，いずれも燃焼して二酸化炭素を生じる。金属は燃焼しても二酸化炭素を生じない。

(4) デンプンにヨウ素液をつけると青紫色に変化する。

(5) ガスバーナーを使用するときは，最初にガス調節ねじと空気調節ねじが適切に閉じていることを確かめてから元栓とコックを開く。マッチに火をつけてからガス調節ねじを開いて点火し，炎の大きさを調節してから，空気調節ねじを開いて青い炎にする。火を消すときは，空気調節ねじ，ガス調節ねじの順に閉じる。

2．気体の性質

① 水上置換　② 上方置換　③ 下方置換

1 (1)（収集方法）ア　（理由）オ

(2)（名称）酸素　（化学式）O_2　(3) イ

(4) エ　(5) B

2 (1) ① 黄緑　② E　③ A・C

(2) 圧力が小さく

3 (1) 酸素

(2) a．黄緑色（または，無色）　b．無色

c．刺激臭　d．緑色

(3) A．上方置換　C．下方置換

D．水上置換（または，下方置換）

4 (1) 上方置換(法)　(2) エ　(3) エ　(4) イ

◇ 解説 ◇

1

(1)【実験1】で発生した気体Aはアンモニア。

(3)【実験3】で発生した気体Cは水素。

(4)【実験4】で発生した気体Dは二酸化炭素。ア・ウは気体が発生しない。イは水素が発生する。

(5) 空気中に最も多く含まれている気体は窒素。次に多く含まれている気体は酸素。

\CHIKAMICHI /

ちかみち

●空気中に含まれる気体の体積の割合

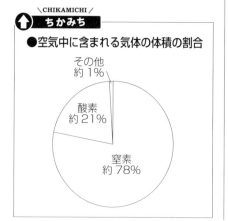

その他
約1%

酸素
約21%

窒素
約78%

2

(1) 気体Aは有色の気体なので，黄緑色をした塩素。気体Bはにおいがなく，空気より重いので酸素。気体Cはにおいがあり，水に非常によく溶け，空気より重いので塩化水素。気体Dはにおいがなく，空気より軽いので水素。気体Eはにおいがあり，空気より軽いのでアンモニア。

3

(2) a．BTB溶液は酸性のときに黄色，中性のときに緑色，アルカリ性のときに青色を示す。気体Cは刺激臭があり，水に溶けやすく，その水溶液は酸性なので，塩素または硫化水素。塩素は黄緑色，硫化水素は無色の気体。b．気体Dは無臭で，水に少し溶け，その水溶液が酸性なので，二酸化炭素。二酸化炭素は無色の気体。c．気体Aは水によく溶け，その水溶液はアルカリ性なので，アンモニア。アンモニアは刺激臭がある気体。d．酸素は水にほとんど溶けず，その水溶液は中性なので，緑色BTB溶液に通しても緑色のまま。

(3) 気体Aは，水によく溶け，空気よりも密度が小さいので，上方置換法で集める。気体C（塩素または硫化水素）は，水に溶けやすく，空気よりも密度が大きいので，いずれも下方置換で集める。気体Dは，水に少ししか溶けないので，水上置換で集める。また，二酸化炭素は空気よりも密度が大きいので，下方置換で集めることもできる。

\CHIKAMICHI /

ちかみち

●塩素の性質

黄緑色 ・ 刺激臭 ・ 空気より重い

水にとけやすい ・ 有毒 ・ 殺菌作用

漂白作用 ・ 水溶液は酸性

4

(3) アンモニアは水に溶けるとアルカリ性を示す。

\CHIKAMICHI/
↑ ちかみち

●指示薬の色

	酸性	中性	アルカリ性
リトマス紙	青色→赤色	どちらも変化しない	赤色→青色
BTB 液	黄色	緑色	青色
フェノールフタレイン液	無色	無色	赤色

3．水溶液の性質

① アンモニア　② アルカリ性
③ 塩化水素　④ 酸性　⑤ 二酸化炭素
⑥ 飽和水溶液　⑦ 再結晶

1 (1) 赤色　(2) 白色　(3) ウ
(4) A．ア　B．ウ　C．オ　D．イ　E．エ

2 (1) ウ　(2) イ

3 (1) 18.5（g）　(2) 27.0（％）
(3) 104.6（g）　(4) ① エ　② 38.8（g）
(5) イ

4 (1)(i) エ　(ii) イ　(2) ア　(3) ×
(4)（硝酸カリウム）イ　（ミョウバン）ア
（塩化ナトリウム）ウ
(5) 90（g）　(6) 52（％）

◇ 解説 ◇

1

(1) 実験 1 より，刺激臭のある B と D は，塩酸かアンモニア水のいずれか。実験 3 より，フェノールフタレイン液を加えて有色を示した B と C は，アンモニア水か水酸化ナトリウム水溶液のいずれか。よって，B はアンモニア水，C が水酸化ナトリウム水溶液で，色は赤色。

(2) 加熱して残留物が残るのは，食塩水か水酸化ナトリウム水溶液のいずれかなので，A は食塩水。残留物はいずれも白色。残った E は炭酸水になる。

(3) BTB 液は，酸性で黄色，中性で緑色，アルカリ性で青色を示す。

2

(1) 60 ℃の硝酸カリウム飽和水溶液の質量は，100（g）＋ 109（g）＝ 209（g）　飽和水溶液の濃度は，$\dfrac{109（g）}{209（g）} \times 100 ≒ 52$（％）

(2) 水100gあたりで考えると，60℃の硝酸カリウム飽和水溶液を20℃に冷却すると，109（g）− 32（g）= 77（g）の硝酸カリウムが溶けきれずに結晶として出てくる。(1)より，水100gでつくった60℃の硝酸カリウム飽和水溶液は209gなので，60℃の硝酸カリウム飽和水溶液100gを20℃に冷却すると，$77（g）× \dfrac{100（g）}{209（g）} ≒ 37（g）$の硝酸カリウムの結晶が得られる。

3

(1) 表より，60℃で水100gに塩化ナトリウム37.0gが溶けるので，水50gに溶かすことができる塩化ナトリウムは，$37.0（g）× \dfrac{50（g）}{100（g）} = 18.5（g）$

(2) 表より，60℃で水100gに塩化ナトリウム37.0gが溶けるので，飽和水溶液の質量は，100（g）+ 37.0（g）= 137（g）　よって，飽和水溶液の質量パーセント濃度は，$\dfrac{37.0（g）}{137（g）} × 100（\%）≒ 27.0（\%）$

(3) 表より，60℃で水100gに硝酸カリウム109.2gが溶けるので，水50gに溶かすことができる硝酸カリウムは，$109.2（g）× \dfrac{50（g）}{100（g）} = 54.6（g）$　よって，水溶液の質量は，50（g）+ 54.6（g）= 104.6（g）

(4) ① 固体と液体を分ける方法を選ぶ。ア．水に溶けやすく，空気よりも重い気体を集める方法。イ．物質を溶媒に溶かした後，温度を下げたり溶媒を蒸発させたりして，溶液から再び結晶として取り出す方法。ウ．物質によって溶媒への溶けやすさが違うことを利用して，混合物から目的の物質を取り出す方法。② 表より，20℃で水100gに硝酸カリウム31.6gが溶けるので，水50gに溶かすことができる硝酸カリウムは，$31.6（g）× \dfrac{50（g）}{100（g）} = 15.8（g）$　(3)より，水50gに硝酸カリウム54.6gを溶かしたので，析出した硝酸カリウムは，54.6（g）− 15.8（g）= 38.8（g）

(5) 20℃の飽和水溶液から水20gが減ったので，20℃で水20gに溶かすことができる硝酸カリウムが析出する。表より，20℃で水100gに硝酸カリウム31.6gが溶けるので，水20gに溶かすことができる硝酸カリウムは，$31.6（g）× \dfrac{20（g）}{100（g）} = 6.32（g）$

↑ \ CHIKAMICHI /
ちかみち

●ろ過のしかた

・ろ過する液体は，ガラス棒を伝わせて，少しずつ入れる。

・ろうとのあしは，切り口の長いほうをビーカーの内側にあてる。

4

(2) グラフより，60℃のときに100gの水に溶ける質量は，硝酸カリウムが110g，ミョウバンが60g，塩化ナトリウムが38g。

(3) グラフより，塩化ナトリウムは水の温度を変化させても溶ける質量にほとんど変化がないため，水の温度を下げても結晶は生じない。

(4) 硝酸カリウムの結晶は針状，ミョウバンの結晶は正八面体，塩化ナトリウムの結晶は立方体。

(5) グラフより，45℃の水 100g に溶けるミョウバンの質量は 30g なので，出てくる結晶の質量は，120（g）− 30（g）= 90（g）

(6) グラフより，60℃の水に溶ける硝酸カリウムの質量は110gなので，このときの質量パーセント濃度は，$\frac{110（g）}{100（g）+ 110（g）} \times 100 ≒ 52（\%）$

CHIKAMICHI / ちかみち

●結晶の形

食塩　　ミョウバン

ホウ酸　　硫酸銅

4．状態変化

① 融点　② 沸点　③ 蒸留

1 (1) A．水蒸気　B．水　C．氷
(2) ②・③・⑤　(3) ウ

2 (1) 固体　(2) ②・④・⑥　(3) Z　(4) Z
(5) Y

3 (1)① 融点　② 沸点　(2) B．オ　D．エ
(3)（エタノール）ア　（ナフタレン）イ
(4) 沸点の違いを利用して，蒸留して取り出す。

4 (1) 蒸留　(2) 12（%）　(3) 5（分後）
(4) E→B→D→C→A

◇ **解説** ◇

1
(3) 状態変化では，体積は変わるが，質量は変わらない。

2
(1) X は固体，Y は液体，Z は気体を表している。
(3) 質量が同じ場合，体積が大きいほど密度は小さくなる。
(5) 教室の温度は水銀の融点より高く，沸点より低いので，液体の状態になる。

3
(2) B は氷がとけ始めてからとけ終わるまでの間なので，液体と固体が混じった状態。D は水が沸とうし始めてから沸とうし終わるまでの時間なので，気体と液体が混じった状態。
(3) 90℃はエタノールの沸点よりも高い温度なので，エタノールは 90℃で気体。90℃はナフタレンの融点よりも高い温度で，沸点よりも低い温度なので，ナフタレンは 90℃で液体。

\CHIKAMICHI/ ちかみち

●物質の状態と融点・沸点

（物質の温度）＜（融点）
→ 固体

（物質の温度）＞（沸点）
→ 気体

（融点）＜（物質の温度）＜（沸点）
→ 液体

固体	液体	気体

融点　　　　沸点

4

(2) $\dfrac{9\,(g)}{64\,(g)+9\,(g)} \times 100 \fallingdotseq 12\,(\%)$

(3) 図2のグラフの水平に近くなり始めた部分の温度が沸点。

(4) 沸点は水よりエタノールの方が低いので、沸騰し始めたときに出てくる気体は、水よりエタノールを多く含む。沸騰が続くと、水が気体として出てくる割合が多くなる。エタノールはにおいがして、火をつけると燃える。BとEは「におい」「火をつけたとき」の様子が同じだが、1本目の試験管は沸騰前なので、体積が小さい。

5. 物質どうしの化学変化

1 (1) ア　(2) ウ

(3) 水に溶けると酸性を示す。

2 (1) 黒色　(2)① 白色　② イ・ウ・オ・キ

3 (1) $2Ag_2O \rightarrow 4Ag + O_2$

(2)① ア　② オ　③ ケ

4 (1) A. ア　B. エ

(2) $2H_2O \rightarrow 2H_2 + O_2$

5 (1) エ　(2) 水に溶けやすい

6 (1) イ　(2) イ　(3) ウ　(4) エ　(5) エ

7 (1) エ　(2) A. エ　B. ウ　(3) オ

◇ 解説 ◇

1

(1) 青色の塩化コバルト紙に水をつけると桃色になる。

(2) 白い粉末は炭酸ナトリウム。炭酸水素ナトリウムは水に少し溶け、弱いアルカリ性を示す。炭酸ナトリウムは水によく溶け、強いアルカリ性を示す。

(3) 青色リトマス紙を赤色に変えるのは酸性の水溶液。

\CHIKAMICHI/ ちかみち

●炭酸水素ナトリウムの加熱実験 注意点！

・火を消す前にガラス管を出す
　→逆流を防ぐため

・加熱する試験管の口を下げる
　→発生した液体が加熱部に流れるのを防ぐため

2

(2) 試験管 A に残った物質は金属の銀。

3

(1) 酸化銀→銀＋酸素

4

(1) －極側には水素，＋極側には酸素が発生する。イはアンモニアや塩素，ウは二酸化炭素の性質。

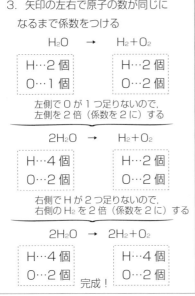

↑ \CHIKAMICHI／
ちかみち

●化学反応式の書き方

（例）水の電気分解の場合

1. 反応のようすを物質名で表す

水→水素＋酸素

2. 物質名を化学式に直す

$H_2O→H_2+O_2$

3. 矢印の左右で原子の数が同じになるまで係数をつける

H_2O　→　H_2+O_2

| H…2個 | | H…2個 |
| O…1個 | | O…2個 |

左側でOが1つ足りないので，
左側を2倍（係数を2に）する

$2H_2O$　→　H_2+O_2

| H…4個 | | H…2個 |
| O…2個 | | O…2個 |

右側でHが2つ足りないので，
右側のH_2を2倍（係数を2に）する

$2H_2O$　→　$2H_2+O_2$

| H…4個 | | H…4個 |
| O…2個 | | O…2個 |
完成！

6

(1) 塩化銅が電気分解され，青色を示す銅イオンは少なくなっていく。

(2)・(3) 陽極には水溶液中の陰イオンである塩化物イオンが集まり，漂白作用のある塩素が発生する。

(4) 水溶液中の陽イオンである銅イオンが陰極に集まる。

(5) 塩化銅水溶液に電流を流すと，銅と塩素に分解される。

7

(1) 鉄と硫黄の混合物を加熱すると，熱と光を出して激しく反応する。この反応では，酸素，水素，水蒸気は生じない。

(2) 試験管Aは加熱しているので，硫化鉄になっており，磁石には引きつけられず，塩酸を加えると卵の腐ったようなにおいの硫化水素が発生する。試験管Bは鉄と硫黄が混じっているだけの混合物であり，磁石には鉄が引きつけられ，うすい塩酸を加えると鉄と塩酸が反応して無臭の水素が発生する。

(3) 試験管Bから発生する気体は水素。アは二酸化炭素，イは塩素，ウはアンモニア，エは酸素が生じる。

6．酸素が関わる化学変化

① 酸化　② 燃焼　③ 還元

1 (1) 5（班）　(2)（銅：酸化銅＝）4：5

(3)（銅：酸素＝）4：1　(4) 0.20（g）

(5) 質量保存の法則

(6) $2Cu + O_2 \rightarrow 2CuO$

2 (1) ウ　(2) $2Mg + O_2 \rightarrow 2MgO$

(3)（マグネシウム：酸素）3：2

(4) 1.8（g）

3 (1) 0.4（g）　(2) 1.5（倍）

4 (1)① 白く濁った　② 二酸化炭素

(2) ウ，ク

(3)① $2CuO + C \rightarrow 2Cu + CO_2$　② 還元

③ 酸化　④ 水素

◇ 解説 ◇

1

(1) 加熱前の銅の質量は，加熱前の質量とステンレス皿の質量の差で求められる。表より，1班は，10.61（g）－ 10.01（g）＝ 0.60（g）2班は，10.79（g）－ 9.99（g）＝ 0.80（g）3班は，11.05（g）－ 10.05（g）＝ 1.00（g）4班は，11.20（g）－ 10.00（g）＝ 1.20（g）5班は，11.43（g）－ 10.03（g）＝ 1.40（g）よって，5班がもっとも多い。

(2) (1)より，加熱前の3班の銅の質量は，1.00g。表より，3班で銅を完全に酸化したときにできた酸化銅の質量は，11.30（g）－ 10.05（g）＝ 1.25（g）　よって，1.00（g）：1.25（g）＝ 4：5

(3) 3班の結果より，1.00（g）の銅に結びついた酸素の質量は，1.25（g）－ 1.00（g）＝ 0.25（g）　よって，1.00（g）：0.25（g）＝ 4：1

(4) (1)より，1班の加熱前の銅の質量は 0.60g。1回目の加熱で結びついた酸素の質量は，10.71（g）－ 10.61（g）＝ 0.10（g）0.10g の酸素が結びつく銅の質量は，0.10（g）× $\frac{4}{1}$ ＝ 0.40（g）　よって，酸化されなかった銅の質量は，0.60（g）－ 0.40（g）＝ 0.20（g）

2

(1) 銀白色のマグネシウムが燃焼すると，白色の酸化マグネシウムになる。

(2) マグネシウム＋酸素→酸化マグネシウム

(3) 表より，マグネシウム 0.3g が酸素と結びつくと，酸化マグネシウム 0.5g ができるので，結びついた酸素の質量は，0.5（g）－ 0.3（g）＝ 0.2（g）　よって，マグネシウムと酸素の質量比は，0.3（g）：0.2（g）＝ 3：2

(4) 結びつく物質の割合は決まっているので，(3)より，2.7（g）× $\frac{2}{3}$ ＝ 1.8（g）

3

(1) グラフより，1.0g の酸化マグネシウムには 0.6g のマグネシウムが含まれている。よって，結びついた酸素は，1.0（g）－ 0.6（g）＝ 0.4（g）

(2) (1)より，マグネシウム 0.6g と結びつく酸素は 0.4g なので，$\frac{0.6（g）}{0.4（g）}$ ＝ 1.5（倍）

4

(1) 酸化銅と活性炭（炭素）の混合粉末を加熱すると，銅と二酸化炭素が生じる。二酸化炭素は石灰水を白く濁らせる。

(2) 銅は赤かっ色の金属で，磁石にはつかない。また，電気抵抗が非常に小さい。

(3) 炭素や水素は非常に酸化しやすく，他の酸化物を還元することができる。

7. 化学変化と質量

① 種類　② 数　③ 質量保存
（①・②は順不同）

1 (1) 硫酸バリウム　(2) ウ
(3) 二酸化炭素　(4) イ　(5) ウ

2 (1) 化合物
(2) ① H_2O　② CO_2（順不同）
(3) 質量保存（の法則）
(4) 化学変化によって発生した二酸化炭素が空気中へ逃げたから。

3 (1) 化学変化の前後で原子の数や種類が変わらないため。
(2) $CaCl_2$　(3) エ・オ　(4) 3.30（g）
(5) 7.50（g）　(6) 18（g）

◇ **解説** ◇

1
(1) 起こった化学変化は，硫酸＋水酸化バリウム→硫酸バリウム＋水
(3) 起こった化学変化は，炭酸水素ナトリウム＋塩酸→塩化ナトリウム＋水＋二酸化炭素
(4)・(5) 実験2では，発生した二酸化炭素が空気中に逃げた分だけ，反応後の質量は小さくなる。実験3では，発生した二酸化炭素が密閉した容器内から逃げないので，反応前後の質量は変化しない。

2
(2) 塩酸＋炭酸水素ナトリウム→塩化ナトリウム＋水＋二酸化炭素

3
(2) 炭酸カルシウムと塩酸が反応して，塩化カルシウムと二酸化炭素と水が生じる。
(3) うすい塩酸がすべて反応すると，発生する気体の質量は一定となり，石灰石は溶け残る。図2より，石灰石の質量が8.00gより小さいときから発生した気体の質量が変化していない。
(4) 表より，石灰石の質量が8.00gのときに発生した気体の質量は，128.40（g）－125.10（g）＝ 3.30（g）
(5) 石灰石の質量が6.00gのときに発生した気体の質量は，126.40（g）－123.76（g）＝2.64（g）なので，発生した気体の質量が3.30gのときに反応した石灰石の質量は，

$$6.0（g）\times \frac{3.30（g）}{2.64（g）} = 7.50（g）$$

(6) (5)より，溶け残っている石灰石の質量は，12.00（g）－7.50（g）＝ 4.50（g）なので，4.50gの石灰石を溶かすのに必要な塩酸の質量は，

$$30（g）\times \frac{4.50（g）}{7.50（g）} = 18.0（g）$$

8. イオン

① 電解質　② 非電解質　③ 陽イオン
④ 陰イオン　⑤ 電池

1 (1) ク　(2) ウ

(3) $CuCl_2 \rightarrow Cu^{2+} + 2Cl^-$

(4)(記号) ア・ウ・オ　(物質) 電解質

2 (1) b　(2)(亜鉛板) イ　(銅板) カ　(3) イ

3 (1) 亜鉛板　(2) $2H^+ + 2\ominus \rightarrow H_2$

(3)(化学式) H^+　(個数) 2(個)　(4) ア・ウ

(5) イ・ウ

◇ 解説 ◇

1

(2) 原子の質量は，陽子と中性子の質量の和で表され，電子の質量は非常に小さい。

(3) 塩化銅は水溶液中で電離して，銅イオンと 2 個の塩化物イオンに分かれる。

(4) 水溶液中で電離する物質の水溶液には電流が流れる。アルコール類と糖類は非電解質。

2

(1)・(2) 亜鉛板から亜鉛が亜鉛イオン(Zn^{2+})となってうすい硫酸中に溶け出し，そのときに亜鉛が電子を放出する。その電子が導線を通って銅板のほうに移動し，うすい硫酸中の水素イオンが銅板の表面で電子を受け取り，水素分子となって水素が発生する。電子が流れる向き a と電流の流れる向きは逆なので，電流は b の向きに流れる。

(3) 燃料電池は水素と酸素が反応して水が生成されるときに電気エネルギーを取り出す装置なので，水の電気分解とは逆の反応を利用している。

\ CHIKAMICHI /
ちかみち

●電池

　2 種類の金属板と塩酸を用いた電池では，－極の金属板はとけて電子を放出し，＋極の金属板の表面では水素が発生する。

　電流の向きと電子の移動の向きは反対になることに注意。

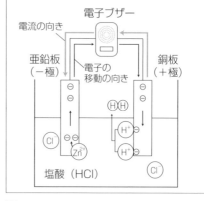

3

(3) ボルタの電池で，亜鉛原子が 1 個イオンになると 2 個の電子を放出するので，その電子を受け取る水素イオン 2 個が水溶液中から減少する。

(4) 硫酸銅水溶液中の Cu^{2+} が電子を受け取って Cu になり，硫酸銅水溶液中の陽イオンが減少するので，硫酸銅水溶液中の陰イオンの SO_4^{2-} が亜鉛板の方へ移動する。また，亜鉛が溶け出し，硫酸亜鉛水溶液中の Zn^{2+} が増加するので，Zn^{2+} が銅板の方へ移動する。

(5) 亜鉛が溶け出して電子を放出し続けるために亜鉛板を大きくし，銅板の方へ移動してきた電子を受け取る銅イオンの数を多くするため，硫酸銅水溶液を濃くする。

＼CHIKAMICHI／
ちかみち

●ダニエル電池

　－極では，亜鉛板の亜鉛原子が電子を失って亜鉛イオンとなって硫酸亜鉛水溶液中にとけ出す。

　＋極では，硫酸銅水溶液中の銅イオンが電子を受けとって銅となり，銅板上に付着する。

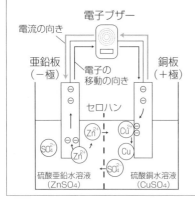

電子ブザー

電流の向き

亜鉛板
（－極）

電子の
移動の向き

銅板
（＋極）

セロハン

硫酸亜鉛水溶液
（ZnSO₄）

硫酸銅水溶液
（CuSO₄）

９．酸・アルカリ・中和

① 中和　② 塩

１ (1) ① オ　② ウ　③ ク　④ カ　⑤ キ
⑥ ア　⑦ ケ　⑧ イ
(2) 7　(3) ⓐ Na^+　ⓑ Cl^-　ⓒ NaCl
ⓓ Ba^{2+}　ⓔ $SO_4{}^{2-}$　ⓕ $BaSO_4$
２ (1) $HCl \rightarrow H^+ + Cl^-$　(2) D
(3) 水素イオン　(4) A　(5) 水酸化物イオン
３ エ
４ (1) ア　(2)（図 2）ア　（図 4）エ　(3) ウ
(4) 13（cm³）
５ (1) エ　(2) 硫酸バリウム　(3) 70（cm³）
(4) 0.21（g）　(5)（水酸化バリウム水溶液）
280（cm³）　（沈殿）1.96（g）

◇ **解説** ◇

２
(1) 塩酸→水素イオン＋塩化物イオン
(2)・(3) 酸性の性質を示すのは水素イオンで，青色リトマス紙を赤色に変える。水素イオンは陽イオンなので，陰極へ移動する。
(4)・(5) アルカリ性の性質を示すのは水酸化物イオンで，赤色リトマス紙を青色に変える。水酸化物イオンは陰イオンなので，陽極へ移動する。

３
はじめ水溶液中には塩酸が電離した H^+ と Cl^- が同数あり，水酸化ナトリウム水溶液を加えると，H^+ は OH^- と結びついて水になるので減少する。Na^+ は電離したままで，水酸化ナトリウム水溶液を加えていくと増加する。Cl^- は増減しない。完全に中和すると H^+ はなくなり，過剰に水酸化ナトリウム水溶液を加えると OH^- が水溶液中にイオンとして存在するようになり，水酸化ナトリウム水溶液を加えていくと増加する。

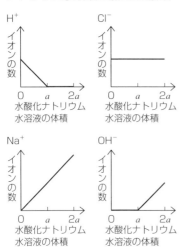

\CHIKAMICHI/
ちかみち

●**中和におけるイオン数の変化**

　ある体積のうすい塩酸に水酸化ナトリウム水溶液を加えた場合。

4

(1) 水酸化ナトリウム水溶液はアルカリ性。イは酸性，ウ・エは中性。

(2) 図2は，最初から一定量あり，最後までその量が変わらないので，NaOH（水酸化ナトリウム）から電離した Na^+（ナトリウムイオン）と考えられる。塩酸を加えると，Cl^-（塩化物イオン）と反応し NaCl（塩化ナトリウム）が生成するが，これは再び電離するので Na^+ は常に一定の量で水溶液中に存在する。図4は，最初は一定量存在するがだんだん減っていき，塩酸を $4\,cm^3$ 加えたところで0になるので，NaOH から電離した OH^-（水酸化物イオン）と考えられる。塩酸を加えると OH^- は塩酸の H^+（水素イオン）と反応して H_2O（水）となるので，塩酸を加えるごとに減少し，中和した

時点で0になり，その後増えることはない。

(3) 水酸化ナトリウム水溶液は，$NaOH \rightarrow Na^+ + OH^-$，うすい塩酸は，$HCl \rightarrow H^+ + Cl^-$ のように電離する。水酸化ナトリウム水溶液にうすい塩酸を加えると，OH^- は H^+ と反応して H_2O となるので，OH^- の数が減るが，Cl^- は電離したまま水溶液中に存在するので，OH^- が減った分 Cl^- が増え，イオンの総数は中和するまでは変わらない。中和した後は，塩酸を加えるほど H^+ と Cl^- の数が増えていく。

(4) 表1より，水酸化ナトリウム水溶液(A)$10\,cm^3$ を中和するのに必要なうすい塩酸(B)は $4\,cm^3$ なので，うすい塩酸(B)$2\,cm^3$ で中和できる水酸化ナトリウム水溶液(A)は，10 $(cm^3) \times \dfrac{2\,(cm^3)}{4\,(cm^3)} = 5\,(cm^3)$　水酸化ナトリウム水溶液(A)$12\,cm^3$ のうち，うすい塩酸(B)$2\,cm^3$ で中和できるのは $5\,cm^3$ だけなので，残りの，$12\,(cm^3) - 5\,(cm^3) = 7\,(cm^3)$ の水酸化ナトリウム水溶液(A)は $7\,cm^3$ のうすい硫酸(C)で中和する。水酸化ナトリウム水溶液(A)とうすい硫酸(C)は同量で中和するので，水酸化ナトリウム水溶液(A)$13\,cm^3$ を過不足なく中和するのに必要なうすい硫酸(C)は $13\,cm^3$。

5

(1) 硫酸は酸性，水酸化バリウム水溶液はアルカリ性の水溶液。BTB 溶液は酸性のとき黄色，アルカリ性のとき青色になる。

(3) 表より，水酸化バリウム水溶液を$20\,cm^3$ 加えると，沈殿は $0.14g$ 生じる。沈殿の質量の最大は $0.49g$ なので，必要な水酸化バリウム水溶液の体積は，20 $(cm^3) \times \dfrac{0.49\,(g)}{0.14\,(g)} = 70\,(cm^3)$

(4) 表より，ビーカー B と E の水溶液を混ぜ合わせたとき，硫酸の体積は，20（cm^3）× 2 = 40（cm^3），水酸化バリウム水溶液の体積は，40（cm^3）+ 100（cm^3）= 140（cm^3）(3)より，硫酸 40cm^3 を過不足なく中和する水酸化バリウム水溶液の体積は，70（cm^3）× 2 = 140（cm^3）なので，硫酸は過不足なく中和する。硫酸の体積が 20cm^3 のとき，生じる沈殿の質量の最大は 0.49g なので，硫酸の体積が 40cm^3 のときに生じる沈殿の質量の最大は，0.49（g）× $\dfrac{40（cm^3）}{20（cm^3）}$ = 0.98（g） すでに生じている沈殿の質量は，ビーカー B が 0.28g，ビーカー E が 0.49g なので，新たに生じる沈殿の質量は，0.98（g）− 0.28（g）− 0.49（g）= 0.21（g）

(5) (3)より，はじめの実験で用いた硫酸 20cm^3 と過不足なく中和する水酸化バリウム水溶液の体積は 70cm^3，生じる沈殿の質量の最大は 0.49g。よって，必要な水酸化バリウム水溶液の体積は，70（cm^3）× 2（倍）× $\dfrac{40（cm^3）}{20（cm^3）}$ = 280（cm^3） 生じる沈殿の質量は，0.49（g）× 2（倍）× $\dfrac{40（cm^3）}{20（cm^3）}$ = 1.96（g）